Copyright© 2013 by Xinhui Zhu

All rights reserved
No part of this book may be reproduced, stored in a retrieval system, or transmitted by any means, electronic, mechanical, photocopying, recording, or otherwise, without written permission from the author

ISBN: 978-0-9892826-0-4

"There is only one language, the language of the heart"

∼ Sri Sathya Sai Baba ∼

CONTENTS

What is Universal Mind? ··· 4

Why do we need to learn with Universal Mind? ··· 4

How can we cultivate and apply Universal Mind in learning? ·· 4

About the textbooks ·· 5

Meditation Instruction ·· 6

LESSON 1   Hello ··· 7

LESSON 2   How are You? ··· 14

LESSON 3   Are You Busy? ·· 21

LESSON 4   I'm Looking for Mr. Brown ·· 29

LESSON 5   Where do you work? ·· 38

LESSON 6   Where Do You Usually Go? ·· 48

LESSON 7   Who's Going Shopping? ·· 57

LESSON 8   Can You Make it a Bit Cheaper? ··· 65

LESSON 9   It's Time for Lunch ·· 73

LESSON 10   At a Restaurant ·· 80

LESSON 11   What's the Time Now? ·· 89

LESSON 12   How Old is Your Child? ··· 97

Tips for leraning Chinese ·· 104

About Authors ·· 105

Chakra Illustration ··· 106

WHAT IS UNIVERSAL MIND?

Contrast to the physical world where we can perceive with our 5 normal senses, we also live in the aether world where the invisible substances permeate the whole universe. The manifest and the unmanifest are held and interwoven together by the same Supreme Intelligence or Spirit, some call it Universal Mind, some call it God. The nature of Universal Mind is Omnipresent, it's around us, and it's within us. It is beyond any language, beyond any country border and beyond any individual body. It is no separation, it is Oneness! And overall Universal Mind is unconditional love!

"I am the source of all spiritual and material worlds. Everything emanates from Me"
 - from Bhgavad Gita

WHY DO WE NEED TO LEARN WITH UNIVERSAL MIND?

Human beings are spiritual beings, we come from the same creation source, born into the material world, growing up with different social identities, speaking different languages. However our hearts and minds always speak similar stories. We are one at the core.

The purpose of learning a language is to understand and communicate with other human beings. According to the most accepted theory, only 7% of human communication is accomplished by verbal language. All the rest relies on our body languages and the tonality which are reflections of our inner world. So what do we really want to say, what do we really want other people to understand? Speak our heart, speak our inner world would make communication much straight forward and easier! This would require us to connect with our Source, the Universal Mind, cultivating our spirituality. When we truly connect to our Source, our consciousness would expand, the world would become more comprehensible, and we would understand other beings much easier, then not only communication with other people becomes much easier, but life would become much easier for us to live, we would have a much happier, healthier and more abundant life on earth.

HOW CAN WE CULTIVATE AND APPLY UNIVERSAL MIND IN LEARNING?

Apart from normal language learning methods, meditation, visualization and affirmations are powerful tools to help us purify our minds, focus our concentration and maximize our learning outcomes. Meditation is the tool to activate and grow our spirituality, and help us connect to the Source. It can be done any time, anywhere. Meditation is part of all spiritual practices.

Spiritual practice can be applied and integrated into our daily life, not as separated as people normally treat them. A 30 minute's meditation each day can be as effective as 30 hours' or more work done. Here at LearnWithUniversalMind.com, a series of meditation plus visualization and affirmations are integrated to the learning process from entrance level through advanced levels. For an ultimate learning outcomes, please make sure to follow the language learning plans as well as the meditation instructions.

ABOUT THE TEXTBOOKS

Learn With Universal Mind Chinese textbooks are designed for adults who want to learn Mandarin Chinese. It comprises 3 parts from Entrance to Advance levels: Introductory Chinese (Entrance), Daily Chinese (Level 1-4) and Elite Chinese (Level 5-7).

Introductory Chinese is for learners who has no previous knowledge of the language and is designed for a general understanding about the language and a quick learn of some useful phrases.

Daily Chinese is conversational dialogues covering various everyday life and work topics. The 4 levels are Daily Connection, Daily Contemplation, Daily Compliance and Daily Comfort.

Elite Chinese has different writing styles of texts covering all kinds of interesting topics. The published 2 levels are Elite Engagement and Elite Enlightenment.

There is a full set of online interactive lessons to match the textbooks, you can access them for free at www.learnwithuniversalmind.com, through the online access you can also reach teachers, other learners, language partners to learn and practice the language. It's totally free.

MEDITATION INSTRUCTION

Please follow the steps each time when you start your learning session (with teacher or by yourself):

10 minutes meditation

Each time at the beginning of your study session. Observe it till you finish the whole level

(sit on your chair or on the floor comfortably with your back straight)

Steps
- Close your eyes, make 3 deep breaths (inhale from your nose and exhale from your mouth)

- One by one visualize and breathe in the colors **Yellow**, **Green**, **Light Blue** - while you visualize a color, breathe the color deep into the base of your spine, breathe out

- Visualize a crystal ball with shimmering white light glowing at your heart, then it becomes a ray of golden white lights moving slowly upwards through your throat chakra, again upward behind your third eye, and then upward at your crown chakra; when it gets at your crown, it starts spinning downwards through your third eye, your throat, your heart, your solar plexus, your abdomen and your base chakra; then it's spinning up and down, up and down, cleaning all your chakras till you feel all your chakras cleansed, then slow down and bring your focus on your heart chakra

- now affirm: I am open, I am receptive, I am ready to learn Chinese, I want to speak Chinese well; I want to be or to do _____ (whatever you want to be, or to do)

- Now visualize you are a child, you are learning Chinese in a classroom where there are a lot of toys with ease and fun; then visualize the scene in which you already become who you want to be or what you want to do (such as a diplomat or a businessman to China, travel to China speaking to the people there, a star singing Chinese songs etc), then slowly come back to the same classroom where you were learning Chinese

- Now slowly bring yourself back, focusing on your heart chakra, feeling the happiness as in the visualized scenes, then make 3 deep breaths again. Open your eyes

LESSON 1   HELLO

1.1 Summary

Pronunciation

1. All initials (consonants)
2. All finals (vowels)
3. Introducing the four tones
4. Focus on the third tone
5. Focus on the fourth tone
6. Sound discrimination (initials)

Structures

Matching responses

Vocabulary

Nǐhǎo	你好	Hello; How do you do
nǐ	你	you
hǎo	好	fine; good
Qǐngjìn	请进	Please come in
qǐng	请	please, to request
jìn	进	to come in
zuò	坐	to sit

Xièxie 谢谢	Thank you
xiè 谢	to thank
Búkèqi 不客气	You're welcome; It's nothing
bù 不	not; no
kèqi 客气	polite
Zàijiàn 再见	Bye-bye; See you
zài 再	again
jiàn 见	to see

1.2 Warm-up

你好 Nǐhǎo (Hello)！ The two elements of Chinese, the alphabet Pinyin system and the writing Hanzi system look completely different from each other. It's true to start learning both two systems at the same time to begin with. So we would recommend to start with speaking first, after 1-2 levels take on writing. The good news is that Chinese grammar is very easy for majority of learners thanks to no differences between singular and plural forms on verbs and nouns, which save learners on a lot of memorizing for the matches

1.3 Intensive practice

1.3.1 Pronunciation

In Chinese speech, it usually contains two parts in syllables - the initials (consonants as in English) and the finals (vowels as in English), and the combination of initials and finals produces individual words.

1. All initials (consonants)

```
b    p    m    f
d    t    n    l
g    k    h
j    q    x
z    c    s
zh   ch   sh   r
y    w
```

2. Difficult initials

j q x
z c s

3. All finals

a	o	e	i	u	ü
ao	ai	ou	ei	iu	ie
iao	ian	iang	iong		
ui	uo	üe	er		
an	en	in	un	ün	
ang	eng	ing	ong		

4. The four tones

Chinese is a language with different tones. There are four basic tones as well as neutral tones. Here are the four basic tones:

First tone   yī
(the sound is flat)

Second tone   pá
(the sound is rising)

Third tone   guǎi
(the sound goes down first, and then smoothly rising)

Fourth tone   jiàng
(the sound goes down)

The tones are not easy for beginners to produce all correctly at once, so in this lesson we only focus on practicing the third tone and fourth tone.

5. Third tone

Practicing starts with single syllable words, then with two and more syllable words

guǎi	lǐ	kǎi
mǒu	nǚ	niǔ
dǎ	lǎo	sǎo
kǎo	kě	xiě
xuě	jiǎo	
yǒuhǎo	yǔfǎ	liǎojiě
zhǎnlǎn	gǔdiǎn	hǎishuǐ
yǒngyuǎn	guǎngchǎng	shuǐguǒ
yǒngyuǎn yǒuhǎo	yǒuhǎo wǎnglái	
Nǐ lěng ma?	yǒudiǎnr lěng	

6. Fourth tone

Practicing starts with single syllable words, then with two and more syllable words

jiàng	qù	dà
tè	fàng	fàn
xùn	xiào	yòng
zào	hè	liàng
guòqù	suànshù	shànzì
dànshì	sànbù	kuàilè
xiànzài	shuànròu	
shàngkè	Zài jiàoshì shàngkè	Xiànzài zài jiàoshì shàngkè
bìyè	Xiàyuè bìyè	Dàgài xiàyuè bìyè

7. Sound discrimination

Following are pairs of either third tone or fourth tone words with similar pronunciation, try to distinguish them

jǐ — xǐ
xǐ — qǐ
zhài — zài

cè — chè

xiàn — jiàn

xiòng — qiòng

zà — zhà

cèn — chèn

xiě — jiě

xùn — qùn

zhǒng — zǒng

cèng — chèng

1.3.2 Structures

Matching responses

Student A
你好! Nǐhǎo!
请进! 请坐! Qǐngjìn! Qǐngzuò!
谢谢! Xièxie!
再见! Zàijiàn!

Student B
不客气! Búkèqi!
再见! Zàijiàn!
你好! Nǐhǎo!
谢谢! Xièxie!

1.4 Dialogue

A: 你好!
　　Nǐhǎo!

B: 你好! 请进! 请
　　Nǐhǎo! Qǐngjìn! Qǐngzuò!

A: 谢谢!
　　Xièxie!

B: 不客气!
　　Búkèqi!

A: 再见!
　　Zàijiàn!

B: 再见!
　　Zàijiàn!

Translation of dialogue

A: Hello!

B: Hello!

A: Please come in. Please sit down.

B: Thank you.

A: You're welcome.

B: Goodbye.

A: Goodbye.

1.5 Communicative and Visualization activities
1. Vocabulary

Visualize and project the image of the words and phrases one by one on the screen, meanwhile feel the meaning of it.

Nǐhǎo	你好	Xièxie	谢谢
nǐ	你	xiè	谢
hǎo	好	Búkèqi	不客气
Qǐngjìn	请进	bù	不
qǐng	请	kèqi	客气
jìn	进	Zàijiàn	再见
zuò	坐	zài	再
		jiàn	见

2. Other activities

- Repeat dialogue

1.6 Songs and games

1. Card game using the difficult initials: **j q x z c s**

2. Card game using the initials and finals in two separate groups.

LESSON 2   HOW ARE YOU?

2.1 Summary

Pronunciation

- o The first tone
- o The second tone
- o The neutral tone
- o Distinguishing third and fourth tone
- o Third tone plus fourth tone

Structures

1. '您贵姓 Nín guì xìng?'

   For example: Nín guì xìng? – Wǒ xìng Zhāng, jiao Zhāng Shēng.
                 Nín guì xìng? – Wǒ xìng Wáng, nǐ ne? – Wǒ xìng Zhào.

2. '吗 ma' at the end of a sentence to form a question.

   For example: Nǐ máng ma? – Wǒ hěn máng. (Wǒ bù máng.)

3. '呢 ne' used with part of a sentence to form a question.

   For example: Wǒ hěn hǎo, nǐ ne? (meaning: Nǐ hǎo ma?)
                 Wǒ bú lèi, nǐ bàba māma ne? (meaning: Nǐ bàba māma lèi ma?)

4. Making and answering questions (affirmative)

5. Making and answering questions (negative)

Vocabulary

wǒ	我	I; me
guì	贵	noble(term of respect); expensive
xìng	姓	surname
jiào	叫	to be called; to call
ne	呢	(mood particle – and you?)
ma	吗	(mood particle – to form a question)
hěn	很	very
yě	也	also; too
máng	忙	busy
tài	太	too (+ adjective)
lèi	累	tired
kě	渴	thirsty
è	饿	hungry
lěng	冷	cold
rè	热	hot
kùn	困	sleepy

2.2 Warm-up

A: 你好! Nǐhǎo!

B: 你好! Nǐhǎo!

A: 您贵姓? Nín guì xìng?

B: 我姓 … (我) 叫 … 你呢? Wǒ xìng … jiao … nǐ ne?

A: 你好吗? Nǐ hǎo ma?

B: 我很好. 你呢? Wǒ hěn hǎo. Nǐ ne?

A: 我也很好. Wǒ yě hěn hǎo.

A: 你忙吗? Nǐ máng ma?

B: 不太忙. (我很忙) Bú tài máng. (Wǒ hěn máng.)

2.3 Intensive practice

In this lesson, we are focusing on first tone, second tone and neutral tone

2.3.1 Pronunciation
1. The first tone

Practicing starts with single syllable words, then with two and more syllable words

yī	fēijī
bā	chōuyān
dūn	qiūtiān
jīn	xīngqī
chuāng	chūntiān
tā	dōngtiān
mā	
zhēng	chūntiān kāihuār
zhōng	qiūtiān guāfēng
hē	dōngtiān jiébīng
xīn	
xīng	

Practicing starts with single syllable words, then with two and more syllable words

2. The second tone

pá	lángqiáo
qiáo	lái lángqiáo
qiú	hái lái lángqiáo
liáo	
kuí	huáchuán
guó	tóngxué huáchuán
gé	nán tóngxué huáchuán
lóng	
hóng	
wáng	
lái	
huáng	

3. The neutral tone

Practicing starts with single syllable words, then with two and more syllable words

bàba	xiānsheng
tàitai	péngyou
kuàizi	kèqi
māma	xiūxi
shìshi	dōngxi
gēge	wǒmen
jiějie	xiānsheng
dìdi	péngyou

4. Distinguishing third and fourth tone

Following are pairs of either third tone or fourth tone words with similar pronunciation, try to distinguish them

hǎo // hào
dǎ // dà
lǎn // làn
qiǎo // qiào
wǒ // wò
běi // bèi
hǎi // hài
xǐng // xìng
hǒng // hòng
zhǎng // zhàng
gěng // gèng
fěn // fèn

5. Third tone plus fourth tone

dǎjià
kǎoyàn
mǎimài
lǐwài
zhǔnbèi
zuǒyòu
jiǎnyàn
dǎzhàng
xiězuò
chǎojià
miǎndiàn
qǐngzuò

2.3.2 Structures
1. Making and answering questions (affirmative)

Teacher	Student A	Student B	Student C
忙 máng	你忙吗? Nǐ máng ma?	我很忙. 你呢? Wǒ hěn máng. Nǐ ne?	我也很忙 Wǒ yě hěn máng.
冷 lěng	你冷吗? Nǐ lěng ma?	我很冷. 你呢? Wǒ hěn lěng. Nǐ ne?	我也很冷. Wǒ yě hěn lěng.
热 rè	你热吗? Nǐ rè ma?	我很热. 你呢? Wǒ hěn rè. Nǐ ne?	我也很热. Wǒ yě hěn rè.
累 lèi	你累吗? Nǐ lèi ma?	我很累. 你呢? Wǒ hěn lèi. Nǐ ne?	我也很累. Wǒ yě hěn lèi.
饿 è	你饿吗? Nǐ è ma?	我很饿. 你呢? Wǒ hěn è. Nǐ ne?	我也很饿. Wǒ yě hěn è.
渴 kě	你渴吗? Nǐ kě ma?	我很渴. 你呢? Wǒ hěn kě. Nǐ ne?	我也很渴. Wǒ yě hěn kě.
好 hǎo	你好吗? Nǐ hǎo ma?	我很好. 你呢? Wǒ hěn hǎo. Nǐ ne?	我也很好. Wǒ yě hěn hǎo.

2. Making and answering questions (negative)

Teacher	Student A	Student B	Student C
累 lèi	你累吗? Nǐ lèi ma?	不, 我不累. 你呢? Bù, wǒ bù lèi. Nǐ ne?	我也不累. Wǒ yě bù lèi.
冷 lěng	你冷吗? Nǐ lěng ma?	不, 我不冷. 你呢? Bù, wǒ bù lěng. Nǐ ne?	我也不冷. Wǒ yě bù lěng.
忙 máng	你忙吗? Nǐ máng ma?	不, 我不忙. 你呢? Bù, wǒ bù máng. Nǐ ne?	我也不忙. Wǒ yě bù máng.

2.4 Dialogue

托马斯: 你好!
Tuōmǎsi: Nǐhǎo!

麦克: 你好! 您贵姓?
Máike: Nǐhǎo! Nín guìxìng?

托马斯: 我姓库帕特, 叫托马斯·库帕特. 你呢?

Tuōmǎsī:	Wǒ xìng Coupat, jiào Thomas Coupat, Nǐ ne?	
麦克:	我姓科尔, 叫麦克•科尔. 你好, 托马斯!	
Màikè:	Wǒ xìng Coll, jiào Michael. Nǐhǎo, Tuōmǎsī!	
托马斯:	你好, 麦克! 你好吗?	
Tuōmǎsī:	Nǐhǎo, Màikè! Nǐ hǎo ma?	
麦克:	我很好. 你呢?	
Màikè:	Wǒ hěn hǎo. Nǐ ne?	
托马斯:	我也很好. 你忙吗?	
Tuōmǎsī:	Wǒ yě hěn hǎo. Nǐ máng ma?	
麦克:	不太忙. 请进! 请坐!	
Màikè:	Bú tài máng. Qǐng jìn! Qǐng zuò!	
托马斯:	谢谢!	
Tuōmǎsī:	Xièxie!	
麦克:	不客气!	
Màikè:	Búkèqi!	

Translation of dialogue

Thomas:	Hello!
Michael:	Hello! What's your (noble) surname?
Thomas:	My surname is Coupat, I'm Thomas Coupat – and you?
Michael:	My surname is Coll, my name is Michael. Hello, Thomas.
Thomas:	Hello, Mike. How are you?
Michael:	I'm fine – and you?
Thomas:	I'm fine, too. Are you busy?
Michael:	Not too busy. Please come in, and sit down.
Thomas:	Thank you.
Michael:	You're welcome.

2.5 Communicative and Visualization activities
1. Vocabulary

Visualize and project the image of the words and phrases one by one on the screen, meanwhile feel the meaning of it.

wǒ	我	lèi	累	ma	吗
guì	贵	kě	渴	hěn	很
xìng	姓	è	饿	yě	也
jiào	叫	lěng	冷	tài	太
ne	呢	rè	热	kùn	困

2. Other communicative activities

New word: 名字 míngzi (name)

New question: 你叫什么名字? Nǐ jiào shénme míngzi? (What's your name?)

- Redo the dialogue, using the students' real names
- Practice 累, 渴, 饿, 冷, 热, 困 with gestures and pictures
- Guess the meanings of the six adjectives
- Dialogue with one half missing

2.6 Songs and games

- A team guessing game based on the vocabulary list, using pictures
- A game based on tone discriminations (3rd // 4th, also 4th // neutral)

LESSON 3   ARE YOU BUSY?

3.1   Summary

Pronunciation
1. Changing on the third tone
2. First tone vs. second tone

Other contents
1. The pronouns wǒ 我 – wǒmen 我们, nǐ 你 – nǐmen 你们, tā 他/她 – tāmen 他/她们

2. '了 le' at the end of a sentence to stress the mood
   For example: tài hǎo le! tài lèi le! tài lěng le!

3. Making statements about feelings, responding with helpful suggestions

4. Asking and making statements about third parties

Vocabulary

yǒudiǎnr	有点儿	a little (+ adj./v.)
hē	喝	to drink
chī	吃	to eat
shuǐ	水	water
kěyǐ	可以	OK; You may …

de	的	of
bàba	爸爸	father
māma	妈妈	mother
dōu	都	both; all
méiguānxi	没关系	It doesn't matter; No problem
míngtiān	明天	tomorrow
tāmen	他们	they; them
xiūxi	休息	to rest
chá	茶	tea
kělè	可乐	cola
kāfēi	咖啡	Coffee
xuěbì	雪碧	Sprite
yēzhī	椰汁	coconut juice
kuàngquánshuǐ	矿泉水	mineral water

3.2 Warm-up

A. 请喝水! Qǐng hē shuǐ!

B. 谢谢. Xièxie.

A. 你喝冷水吗? Nǐ hē lěng shuǐ ma?

B. 冷水也可以.谢谢! Lěng shuǐ yě kěyi. Xièxie!

A. 你的爸爸、妈妈好吗? Nǐ de bàba māma hǎo ma?

B. 他们都很好. Tāmen dōu hěn hǎo.

3.3 Intensive practice

3.3.1 Pronunciation
1. Changing on the third tone

nǐhǎo → ní hǎo

yǒuhǎo → yóuhǎo

wǒ hěn hǎo → wó hén hǎo

yǒngyuǎn hǎo → yóngyuán hǎo

wǒ yě hěn hǎo → wó yě hén hǎo
yǒngyuǎn yǒuhǎo → yóngyuǎn yóuhǎo

2. Distinguishing between 1st tone and 2nd tone

mā // má
cāi // cái
hāng // háng
gē // gé
qīng // qíng
xuē // xué
zhōu // zhóu
xī // xí
tāng // táng
guō // guó
chī // chí
suī // suí

3. 1st tone plus 2nd tone

jīngcháng	chūnchéng
qīnrén	xīnnián
gāngcái	chūnjié
jiātíng	xīnxīlán
tūrán	kōngchéng
qīngnián	fācái
zhōuwéi	xīnniáng
chāngpíng	

3.3.2 Structures
1. Helpful suggestions

Teacher	Student
太忙了!	请休息休息.
Tài máng le!	Qǐng xiūxi xiūxi.
太累了!	请休息.
Tài lèi le!	Qǐng xiūxi.
太渴了!	请喝水.
Tài kě le!	Qǐng hē shuǐ
太冷了!	请喝热咖啡.

Tài lěng le!   Qǐng hē rè kāfēi
太热了!   请喝冷水.
Tài rè le!   Qǐng hē lěng shuǐ

2. Talking about feelings (1)

Teacher	Student A	Student B	Student C
忙, 累, 休息 máng, lèi, xiūxi	你忙吗? Nǐ máng ma?	我很忙, 也有点儿累 Wǒ hěn máng, yě yǒudiǎnr lèi	请休息 Qǐng xiūxi
热, 渴, 喝冷水 rè, kě, hē lěng shuǐ	你热吗? Nǐ rè ma?	我很热, 也有点儿渴 Wǒ hěn rè, yě yǒudiǎnr kě	请喝冷水 Qǐng hē lěng shuǐ
渴, 饿, 吃东西 kě, è, chī dōngxi	你渴吗? Nǐ kě ma?	我很渴, 也有点儿饿 Wǒ hěn kě, yě yǒudiǎnr è	请吃东西 Qǐng chī dōngxi
冷, 饿, 喝热咖啡 lěng, è, hē rè kāfēi	你冷吗? Nǐ lěng ma?	我很冷, 也有点儿饿 Wǒ hěn lěng, yě yǒudiǎnr è	请喝热咖啡 Qǐng hē rè kāfēi
饿, 累, 吃东西 è, lèi, chī dōngxi	你饿吗? Nǐ è ma?	我很饿, 也有点儿累 Wǒ hěn è, yě yǒudiǎnr lèi	请吃东西 Qǐng chī dōngxi
累, 困, 休息 lèi, kùn, xiūxi	你累吗? Nǐ lèi ma?	我很累, 也有点儿困 Wǒ hěn lèi, yě yǒudiǎnr kùn	请喝休息 Qǐng xiūxi

3. Talking about feelings (2)

Teacher	Student A	Student B	Student C
忙, 累, 休息 máng, lèi, xiūxi	你忙吗? Nǐ máng ma?	我不忙, 很累 Wǒ bù máng, hěn lèi	请休息 Qǐng xiūxi
热, 渴, 喝冷水 rè, kě, hē lěng shuǐ	你热吗? Nǐ rè ma?	我不热, 很渴 Wǒ bù rè, hěn kě	请喝冷水 Qǐng hē lěng shuǐ
渴, 饿, 吃东西 kě, è, chī dōngxi	你渴吗? Nǐ kě ma?	我不渴, 很饿 Wǒ bù kě, hěn è	请吃东西 Qǐng chī dōngxi
饿, 冷, 喝热咖啡 è, lěng, hē rè kāfēi	你饿吗? Nǐ è ma?	我不饿, 很冷 Wǒ bù è, hěn lěng	请喝热咖啡 Qǐng hē rè kāfēi
累, 饿, 吃东西 lèi, è, chī dōngxi	你累吗? Nǐ lèi ma?	我不累, 很饿 Wǒ bù lèi, hěn è	请吃东西 Qǐng chī dōngxi
累, 困, 休息 lèi, kùn, xiūxi	你累吗? Nǐ lèi ma?	我不累, 很困 Wǒ bù lèi, hěn kùn	请喝休息 Qǐng xiūxi

4. Mini-conversation (1)

A: 你好! 你忙吗?
   Nǐhǎo! Nǐ máng ma?
B: 不太忙,你呢?
   Bú tài máng, nǐ ne?
A: 我有点儿忙, 也有点儿累.
   Wǒ yǒudiǎnr máng, yě yǒudiǎnr lèi.

5. Mini-conversation (2)

A: 我有点儿渴.
   Wǒ yǒudiǎnr kě.
B: 你喝水吗?
   Nǐ hē shuǐ ma?
A: 我喝茶, 你也喝茶吗?
   Wǒ hē chá, nǐ yě hē chá mā?
B: 对, 我也喝茶.
   Duì, wǒ yě hē chá.

6. Fluency checkpoint

A. 你喝茶吗? Nǐ hē chá ma?
B. 不, 我不喝茶, 喝咖啡. Bù, wǒ bù hē chá, hē kāfēi.

A. 你的爸爸妈妈也好吗? Nǐ de bàba māma yě hǎo ma?

A. 我们都喝可乐. Wǒmen dōu hē kělè.

A. 你最近忙吗? Nǐ zuìjìn máng ma?
B. 不太忙. Bú tài máng.

A. 我有点儿累, 我可以休息吗? Wǒ yǒudiǎnr lèi, wǒ kěyǐ xiūxi ma?

3.4 Dialogue

A: 请进, 请坐! Qǐng jìn, qǐng zuò!
B: 谢谢! 你忙吗? Xièxie! Nǐ máng ma?
A: 太忙了, 也有点累. Tài máng le, yě yǒudiǎnr lèi.

B: 我也很忙. Wǒ yě hěn máng.

A: 请喝水. Qǐng hē shuǐ!

B: 谢谢. 水有点儿热. Xièxie. Shuǐ yǒudiǎnr rè.

A: 没关系. 你喝冷水吗? Méiguānxi, nǐ hē lěng shuǐ ma?

B: 冷水也可以.谢谢! Lěng shuǐ yě kěyi. Xièxie!

A: 你的爸爸、妈妈好吗? Nǐ de bàba māma hǎo ma?

B: 他们都很好. 再见! Tāmen dōu hěn hǎo. Zàijiàn!

A: 明天见! Míngtiān jiàn!

Translation of dialogue
- A: Come in, sit down please
- B: Thank you. Are you busy?
- A: Very (too) busy, also a little tired.
- B: I'm very busy, too.
- A: Have some water.
- B: Thank you! The water is a little hot.
- A: It doesn't matter, do you drink cold water?
- B: Cold water is fine, too. Thank you.
- A: How are your father and mother?
- B: They're both well. Bye-bye!
- A: See you tomorrow!

3.5 Communicative and Visualization activities
1. Vocabulary

Visualize and project the image of the words and phrases one by one on the screen, meanwhile feel the meaning of it.

yǒudiǎnr	有点儿	chá	茶
hē	喝	kělè	可乐
shuǐ	水	kāfēi	咖啡
kěyǐ	可以	xuěbì	雪碧
de	的	yēzhī	椰汁
bàba	爸爸	kuàngquánshuǐ	矿泉水
māma	妈妈	lěng	冷
dōu	都	rè	热
méiguānxi	没关系		
míngtiān	明天		
tāmen	他们		
xiūxi	休息		

2. Other communicative activities

- A complete conversation, from coming in to sitting down, greetings, to leaving and saying 再见!
- Mini-conversations from intensive practice
- Offer, refuse and accept all the drinks in the vocabulary list
- Use the pictures for 累, 渴, 饿, 冷, 热, 困 for making helpful suggestions (休息, etc.)

- Make statements and ask questions about 爸爸 & 妈妈
- A conversation with one half missing

3.6 Songs and games

- Games based on the drinks and feeling adjectives
- A game based on tone discriminations (1st // 2nd)

LESSON 4 I'M LOOKING FOR MR. BROWN

4.1 Summary

Pronunciation

1. Changing tone of 'bù'
2. First tone plus fourth tone
3. Second tone plus third tone

Other contents

1. 'Qǐng wèn' before an inquiry to show politeness.
   For example: Qǐng wèn, nǐ shì Dàwèi ma?

2. 'Nǐ shì...?' to ask how to address someone.
   For example: Nǐ shì...? – Wǒ shì Tuōmǎsī, Dàwèi de tóngshì.

3. 'Děngyiděng': the verb form V.+ yi + V. to indicate a short or casual action.
   "等一等": 在汉语中, V + 一 + V. 可以表示动作持续短暂, 或动作非正规, 而比较随意.

4. Noun phrases with '的 de'.
   For example: 我的夫人 wǒ de fūren

5. Introductions

6. Stating and asking one's nationality

Vocabulary

zhǎo	找	to look for	Měiguó	美国	United States
xiānsheng	先生	Mr.; husband	Yīngguó	英国	Britain
wèi	位	indicates a person	Fǎguó	法国	France
shì	是	to be	Zhōngguó	中国	China
péngyou	朋友	friend	Déguó	德国	Germany
děngyiděng	等一等	wait a minute	Rìběn	日本	Japan
děng	等	to wait	Jiānádà	加拿大	Canada
zhè	这	This	Xībānyá	西班牙	Spain
fūren	夫人	Mrs.; Madam; wife	Yìdàlì	意大利	Italy
ba	吧	indicates a suggestion	Àodàlìyà	澳大利亚	Australia
nǎ	哪	Which?	Hánguó	韩国	(South) Korea
guó	国	country	Hélán	荷兰	Netherlands
rén	人	person	Bāxī	巴西	Brazil
			Ruìdiǎn	瑞典	Sweden
			Nuówēi	挪威	Norway

4.2 Warm-up

All the language from Lessons 1-3, plus these new items:

A. 这位是 … (我的朋友) … Zhè wèi shì ... (wǒ de péngyou ...)

A. 你 (他/她) 是哪国人? Nǐ (tā/tā) shì nǎ guó rén?
B. 我 (他/她)是 (日本)人 Wǒ (tā/tā) shì (Rìběn) rén

4.3 Intensive practice
4.3.1 Pronunciation
1. Changing tone of 'bù'

bù + 1ˢᵗ tone
bù chī
bù hē
bù tīng
bù qiān
bù kāi

bù + 2ⁿᵈ tone

bù lái
bù máng
bù xíng
bù tián
bù xián

bù + 3rd tone
bù zǒu
bù hǎo
bù wǎn
bù lǎo
bù mǎi

bù + 4th tone
bú qù
bú kàn
bú xiè
bú yào
bú rè

2. First tone plus fourth tone

yīqì	xūyào
tōngxùn	gāoxìng
bāngzhù	fānyì
shāngdiàn	kāihuì
gōngzuò	shēnzhèn
dūshì	xīwàng
chīfàn	zhuānyè
yīnyuè	yōuxìn
huāshì	jīngjì
shūshì	

3. Second tone plus third tone

píjiǔ	qízǐ
píngguǒ	yúwǎng
shuíyǒu	ménkǒu
méiyǒu	qímǎ
cídiǎn	liángshuǐ
shíjiǔ	qízǒu

biézǒu	háiyǒu
mángguǒ	niúwěi
shípǐn	héihǎo
máobǐ	tóunǎo

4.3.2 Structures

1. Introductions

Teacher/Student A	Student B
这位是我的夫人, 苏珊.	叫我苏珊吧.
Zhèwèi shì wǒ de fūren, Sūshān.	Jiào wǒ Sūshān ba.
这位是我的先生,大卫.	叫我大卫吧.
Zhèwèi shì wǒ de xiānsheng, Dàwèi.	Jiào wǒ Dàwèi ba.
这位是我的朋友,托马斯.	叫我托马斯吧.
Zhèwèi shi wǒ de péngyou,Tuōmǎsī.	Jiào wǒ Tuōmǎsì ba.
这位是我的爸爸.	叫我詹姆斯吧.
Zhèwèi shì wǒ de bàba.	Jiào wǒ Zhānmǔsi ba.

2. Countries and nationalities

Teacher	Student A	Student B
日本人	你是哪国人?	我是日本人
Rìběn rén	Nǐ shì nǎguó rén?	Wǒ shì Rìběn rén
日本人, 韩国人	他也是日本人吗?	他不是日本人, 他是韩国人
Rìběn rén, Hánguó rén	Tā yě shì Rìběn rén ma?	Tā bú shì Rìběn rén, tā shì Hánguó rén
中国人	你是哪国人?	我是中国人
Zhōngguó rén	Nǐ shì nǎguó rén?	Wǒ shì Zhōngguó rén
中国人, 日本人	他也是中国人吗?	他不是中国人, 他是日本人
Zhōngguó rén, Rìběn rén	Tā yě shì Zhōngguó rén ma?	Tā bú shì Zhōngguó rén, tā shì Rìběn rén
美国人	你是哪国人?	我是美国人
Měiguó rén	Nǐ shì nǎguó rén?	Wǒ shì Měiguó rén
美国人, 巴西人	他也是美国人吗?	他不是美国人, 他是巴西人
Měiguó rén, Bāxī rén	Tā yě shì Měiguó rén ma?	Tā bú shì Měiguó rén, tā shì Bāxīrén
德国人	你是哪国人?	我是德国人
Déguó rén	Nǐ shì nǎguó rén?	Wǒ shì Déguó rén

德国人, 英国人 Déguó rén, Yīngguó rén	他也是德国人吗? Tā yě shì Déguó rén ma?	他不是德国人, 他是英国人 Tā bú shì Déguó rén, tā shì Yīngguó rén
意大利人 Yìdàlì rén	你是哪国人? Nǐ shì nǎguó rén?	我是意大利人 Wǒ shì Yìdàlì rén
意大利人, 西班牙人 Yìdàlì rén, Xībānyá rén	他也是意大利人吗? Tā yě shì Yìdàlì rén ma?	他不是意大利人, 他是西班牙人 Tā bú shì Yìdàlì rén, tā shì Xībānyá rén
挪威人 Nuówēi rén	你是哪国人? Nǐ shì nǎguó rén?	我是挪威人 Wǒ shì Nuówēi rén
挪威人, 瑞典人 Nuówēi rén, Ruìdiǎn rén	他也是挪威人吗? Tā yě shì Nuówēi rén ma?	他不是挪威人, 他是瑞典人 Tā bú shì Nuówēi rén, tā shì Ruìdiǎn rén
加拿大人 Jiānádà rén	你是哪国人? Nǐ shì nǎguó rén?	我是加拿大人 Wǒ shì Jiānádà rén
加拿大人, 澳大利亚人 Jiānádà rén, Àodàlìyà rén	他也是加拿大人吗? Tā yě shì Jiānádà rén ma?	他不是加拿大人, 他是澳大利亚人 Tā bú shì Jiānádà rén, tā shì Àodàlìyà rén
荷兰人 Hélán rén	你是哪国人? Nǐ shì nǎguó rén?	我是荷兰人 Wǒ shì Hélán rén
荷兰人, 法国人 Hélán rén, Fǎguó rén	他也是荷兰人吗? Tā yě shì Hélán rén ma?	他不是荷兰人, 他是法国人 Tā bú shì Hélán rén, tā shì Fǎguó rén
德国人 Déguó rén	你是哪国人? Nǐ shì nǎguó rén?	我是德国人 Wǒ shì Déguó rén
德国人, 俄国人 Déguó rén, Eguó rén	他也是德国人吗? Tā yě shì Déguó rén ma?	他不是德国人, 他是俄国人 Tā bú shì Déguó rén, tā shì Eguó rén

3. Noun phrases with '的 de'

我的夫人	wǒ de fūren
她的先生	tā de xiānsheng
妈妈的朋友	māma de péngyou
北京的水	Běijīng de shuǐ
中国的可乐	Zhōngguó de kělè
北京的天安门	Běijīng de Tiānanmén

我们的爸爸   wǒmen de bàba

大卫的朋友   Dàwèi de péngyou

4. Fluency checkpoint

我叫詹姆斯, 是大卫的朋友.
Wǒ jiào Zhānmǔsī, shì Dàwèi de péngyou.

请等一等.
Qǐng děngyiděng.

你是哪国人? 我是芬兰人.
Nǐ shì nǎguó rén? Wǒ shì Fēnlán rén.

这位是大卫的妈妈.
Zhèwèi shì Dàwèi de māma.

我不是意大利人, 你也不是意大利人.
Wǒ bú shì Yìdàlì rén, nǐ yě bú shì Yìdàlì rén.

请叫我詹姆斯吧.
Qǐng jiào wǒ Zhānmǔsī ba.

4.4   Dialogue

托马斯:	你好! 我找大卫 布朗先生.
Tuōmǎsī:	Nǐhǎo! Wǒ zhǎo Dàwèi Bùlǎng xiānsheng.
苏珊:	请问, 你是 …
Sūshān:	Qǐngwèn, nǐ shi …
托马斯:	我叫托马斯, 是大卫的朋友.
Tuōmǎsī:	Wǒ jiào Tuōmǎsī, shì Dàwèi de péngyou.
苏珊:	请进! 等一等. 大卫 …
Sūshān:	Qǐng jìn! Děngyiděng. Dàwèi …
大卫:	啊, 是托马斯. 请坐请坐!
Dàwèi:	A, shì Tuōmǎsī. Qǐng zuò, qǐng zuò!
苏珊:	托马斯, 请喝茶!

Sūshān:		Tuōmǎsī, qǐng hē chá.
大卫:	这位是我的夫人, 苏珊.	
Dàwèi:		Zhèwèi shì wǒde fūren, Sūshān.
托马斯:	你好, 布朗夫人.	
Tuōmǎsī:		Nǐhǎo, Bùlǎng fūren.
苏珊:	叫我苏珊吧. 你是哪国人?	
Sūshān:		Jiào wǒ Sūshān ba. Nǐ shì nǎguó rén?
托马斯:	我是法国人. 你也是美国人吗?	
Tuōmǎsī:		Wǒ shì Fǎguó rén. Nǐ yě shì Měiguó rén ma?
苏珊:	不, 我是英国人.	
Sūshān:		Bù, wǒ shì Yīngguó ren.

Translation of dialogue

Thomas:	Hello, I'm looking for David Brown.
Susan:	Excuse me, you're ……
Thomas:	My name is Thomas, David's friend.
Susan:	Please come in! Wait a minute. David……
David:	Ah, it's Thomas. Sit down, please!
Susan:	Thomas, please have some tea.
David:	This is my wife, Susan.
Thomas:	Hello, Mrs. Brown.
Susan:	Call me Susan, please. What's your nationality?
Thomas:	I'm French. Are you American, too?
Susan:	No, I'm British.

4.5   Communicative and Visualization activities
1. Vocabulary

Visualize and project the image of the words and phrases one by one on the screen, meanwhile feel the meaning of it.

zhǎo	找	Měiguó (ren)	美国(人)	Ruìdiǎn	瑞典
xiānsheng	先生	Yīngguó	英国	Nuówēi	挪威
wèi	位	Fǎguó	法国		
shì	是	Zhōngguó	中国		
péngyou	朋友	Déguó	德国		
děng	等	Rìběn	日本		
děngyiděng	等一等	Jiānádà	加拿大		
zhè	这	Xībānyá	西班牙		
fūren	夫人	Yìdàlì	意大利		
ba	吧	Àodàlìyà	澳大利亚		
nǎ	哪	Hánguó	韩国		
guó	国	Hélán	荷兰		
rén	人	Bāxī	巴西		

2. Other communicative activities

- Practise the names of the countries and nationalities with a map of the world
- Dialogues with all the students for introductions and nationalities

- Practise asking and answering 他/她是哪国人? Tā shì nǎ guó rén?
- Use pictures to practice noun phrases with 的 de
- Bring in photos of your own home and family

4.6 Songs and Games
- A team guessing game based on the nationalities and countries
- A song which names some countries and nationalities

LESSON 5 WHERE DO YOU WORK?

5.1 Summary

Pronunciation
1. First tone plus third tone
2. Second tone plus fourth tone
3. Neutral tone

Other contents
1. The preposition 'zài' followed by a placeword
   For example: Tā zài jiā xuéxí. Wǒ zài gōngsī gōngzuò
   Nǐ zài nǎr gōngzuò? … Wǒ zài [organization/place] gōngzuò.

2. '吧 ba' at the end of a sentence to indicate suggestion or agreement
   For example: Nǐ jiào wǒ Sūshān ba. (suggestion)
   Nǐ lái wǒmen xuéxiào ba. (suggestion)
   Hǎo ba. (agreement)

3. The auxiliary verb '会 huì'
   For example: Wǒ huì shuō Hànyǔ. Tā huì kāichē.

4. Linking two sentences, with and without '也 yě'

5. Forming questions with '吗 ma'

6. Questions and answers (nationalities and languages)

7. Numbers from 0 to 9

Vocabulary

zài	在	at, in; to be at, to be in
nǎr	哪儿	where
gōngzuò	工作	to work; work
hángkōng	航空	aviation; airline
gōngsī	公司	company
hángkōng gōngsī	航空公司	airline company
Fǎguó Hángkōng Gōngsī	法国航空公司	Air France
zǒng	总	general
dàibiǎo	代表	representative
zǒngdàibiǎo	总代表	chief representative
jiā	家	home; family
huì	会	can (ability)
shuō	说	to speak; to say
shuōhuà	说话	to speak; to talk
hé … shuōhuà	和 … 说话	to talk with ...; to speak to ...
hànyǔ	汉语	Chinese (spoken)
xué	学	to learn
xuéxí	学习	to study; to learn
xuéxiào	学校	school
xiǎng	想	to want; to think
lái	来	to come

Vocabulary (numbers)

yī	一	one
èr	二	two
sān	三	three
sì	四	four
wǔ	五	five
liù	六	six
qī	七	seven

bā	八	eight
jiǔ	九	nine
líng	零	zero

5.2 Warm-up

- Nationality and language (我是法国人. 我说法语 Wǒ shì Fǎguó rén. Wǒ shuō Fǎyǔ) etc.
- Talking about language ability (你会说汉语吗? Nǐ huì shuō Hànyǔ ma?) etc.

- A. 你在哪儿工作? Nǐ zài nǎr gōngzuò?
- B. 我在 … (公司)工作. Wǒ zài … (gōngsī) gōngzuò.

- A. 你在哪儿学习汉语? Nǐ zài nǎr xuéxí Hànyǔ?
- B. 在 CH 学校. Zài CH xuéxiào.

5.3 Intensive practice
5.3.1 Pronunciation

In practicing Chinese pronunciations, two key elements need special attention: the tone and the stress in a word or phrase. The tone and the stress really form the stream of the sound in Chinese speech. A lot of Chinese words contain two or three syllables, the two-syllable words are more common than the one- or three-syllable words in Chinese. Following are some of the two-syllable words

1. First tone plus third tone   (Stress on the first tone)

zhēnhǎo
jīchǎng
kāishǐ
jīnglǐ
hēibǎn
qīngchǎo
chībǎo
shuāwǎn
duōshǎo
qīngcǎo
xūwěi
shēntǐ
bīngdǎo
xiānzǒu
hēshuǐ

2. Second tone plus fourth tone (Slightly stress on the fourth tone)

búyào
báicài
wénhuà
biékàn
tóngshì
chángqù
lízhèr
búzài
héshì
téngtòng

3. Neutral tone (produce the sound lightly, the indication of neutral tone is No mark on it)

Neutral tone is very common in Chinese speech. It can derive from any of the 4 basic tones, and it usually appears at the end of some two-syllable words or the middle of some three-syllable words or phrases. Here are some in two-syllable words:

After 1st tone	*After 2nd tone*	*After 3rd tone*	*After 4th tone*
māma	máfan	wǒmen	xièxie
zhuōzi	pútao	zěnme	dàole
yīfu	júzi	zǎoshang	kèqi
dōngxi	bíede	xǐhuan	shìma
xiūxi	chángchang	jiǎozi	zuìle
chuānghu	péngyou	sǐle	xiàlai

5.3.2 Structures
1. Use of verbs 'huì' and 'xiǎng'

huì + verb-object,   xiǎng + verb-object

'会 huì', similar as in English, is an auxiliary verb, it is used when you describe an acquired ability, not an innate one.

'想 xiǎng' means 'to think', or 'want' when something is on your mind

她会说汉语
Tā huì shuō Hānyǔ
他想学习汉语

Tā xiǎng xuéxí Hànyǔ

我的先生会说汉语

Wǒ de xiānsheng huì shuō Hànyǔ

你太太不会说德语

Nǐ tàitai bú huì shuō Déyǔ

我们不想学习西班牙语

Wǒmen bù xiǎng xuéxí Xībānyáyǔ

我先生不会说汉语

Wǒ xiānsheng bú huì shuō Hànyǔ

我的朋友想喝茶

Wǒ de péngyou xiǎng hē chá

她不想喝咖啡

Tā bù xiǎng hē kāfēi

2. Linking two sentences, with and without 'yě'

大卫不想学法语, 想 学西班牙语
Dàwèi bù xiǎng xué Fǎyǔ, xiǎng xué Xībānyáyǔ.
他们想学汉语, 不想学日语
Tāmen xiǎng xué Hànyǔ, bù xiǎng xué Rìyǔ.
我想学汉语, 也想学日语
Wǒ xiǎng xué Hànyǔ, yě xiǎng xué Rìyǔ
麦克会说英语, 也会说汉语
Màikè huì shuō Yīngyǔ, yě huì shūo Hànyǔ
她不会说汉语, 也不会说英语
Tā bú huì shuō Hànyǔ, yě bú huì shuō Yīngyǔ
史密斯不想学德语, 也不想学俄语
Shǐmìsī bù xiǎng xué Déyǔ, yě bù xiǎng xué éyǔ
张先生想喝可乐, 也想喝矿泉水
Zhāng xiānsheng xiǎng hē kělè, yě xiǎng hē kuàngquánshuǐ
她不想喝咖啡, 也不想喝茶
Tā bù xiǎng hē kāfēi, yě bù xiǎng hē chá

3. Fluency practice (Learn the way to build up sentences)

家
jiā
在家
zài jiā
在家工作
zài jiā gōngzuò
我在家工作
Wǒ zài jiā gōngzuò

学校
xuéxiào
在学校
zài xuéxiào
在学校学习
zài xuéxiào xuéxì
我在学校学习
Wǒ zài xuéxiào xuéxí

公司
gōngsī
在公司
zài gōngsī
在公司工作
zài gōngsī gōngzuò
你在公司工作
Nǐ zài gōngsī gōngzuò
你在航空公司工作
Nǐ zài hángkōng gōngsī gōngzuò
你在法国航空公司工作
Nǐ zài Fǎguó Hángkōng Gōngsī gōngzuò

家
jiā
在家
zài jiā

在家学习

zài jiā xuéxí

他在家学习

Tā zài jiā xuéxí

他在家学习汉语

Tā zài jiā xuéxí Hànyǔ

4. Forming simple questions by adding 'ma' at the end of a statement

Teacher	Student
我工作	你工作吗?
Wǒ gōngzuò	Nǐ gōngzuò ma?
我说汉语	你说汉语吗?
Wǒ shuō Hànyǔ	Nǐ shuō Hànyǔ ma?
他在北京学习	他在北京学习吗?
Tā zài Běijīng xuéxí	Tā zài Běijīng xuéxí ma?
她在北京学习汉语	她在北京学习汉语吗?
Tā zài Běijīng xuéxí Hànyǔ	Tā zài Běijīng xuéxí Hànyǔ ma?
你来我们学校	我来你们学校吗?
Nǐ lái wǒmen xuéxiào	Wǒ lái nǐmen xuéxiào ma?

5. Response practise (nationalities and languages)

Teacher	Student A	Student B
汉语	你是哪国人?	我是中国人, 我说汉语.
Hànyǔ	Nǐ shì nǎguó rén?	Wǒ shì Zhōngguó rén, wǒ shuō Hànyǔ
英语	你是哪国人?	我是英国人, 我说英语.
Yīngyǔ	Nǐ shì nǎguó rén?	Wǒ shì Yīngguó rén, wǒ shuō Yīngyǔ
法语	你是哪国人?	我是法国人, 我说法语.
Fǎyǔ	Nǐ shì nǎguó rén?	Wǒ shì Fǎguó rén, wǒ shuō Fǎyǔ
德语	你是哪国人?	我是德国人, 我说德语.
Déyǔ	Nǐ shì nǎguó rén?	Wǒ shì Déguó rén, wǒ shuō Déyǔ
日语	你是哪国人?	我是日本人, 我说日本语.
Rìyǔ	Nǐ shì nǎguó rén?	Wǒ shì Rìběn rén, wǒ shuō Rìyǔ
西班牙语	你是哪国人?	我是西班牙人, 我说西班牙语.
Xībānyáyǔ	Nǐ shì nǎguó rén?	Wǒ shì Xībānyá rén, wǒ shuō Xībānyá yǔ

意大利语	你是哪国人?	我是意大利人, 我说意大利语.
Yìdàlìyǔ	Nǐ shì nǎguó rén?	Wǒ shì Yìdàlì rén, wǒ shuō Yìdàlìyǔ
俄语	你是哪国人?	我是俄国人, 我说俄语.
Eyǔ	Nǐ shì nǎguó rén?	Wǒ shì Éguó rén, wǒ shuō Éyǔ

5.4 Dialogue

苏珊:	托马斯, 你在哪儿工作?
Sūshān:	Tuōmǎsī, nǐ zài nǎr gōngzuò?
托马斯:	我在法国航空公司工作.
Tuōmǎsī:	Wǒ zài Fǎguó hángkōng gōngsī gōngzuò.
大卫:	托马斯是他们公司的总代表.
Dàwèi:	Tuōmǎsī shì tāmen gōngsī de zǒng dàibiǎo.
托马斯:	苏珊,你工作吗?
Tuōmǎsī:	Sūshān, nǐ gōngzuò ma?
苏珊:	我不工作, 我在家工作.
Sūshān:	Wǒ bù gōngzuò, wǒ zài jiā gōngzuò.
大卫:	托马斯会说汉语, 他的汉语很好.
Dàwèi:	Tuōmǎsī huì shuō Hànyǔ, tā de Hànyǔ hěn hǎo.
苏珊:	是吗? 你在哪儿学习汉语?
Sūshān:	Shì ma? Nǐ zài nǎr xuéxí Hànyǔ?
托马斯:	在 HI 学校.
Tuōmǎsī:	Zǎi HI xuéxiào.
苏珊:	我也想学习汉语.
Sūshān:	Wǒ yě xiǎng xuéxí Hànyǔ.
托马斯:	你来我们学校吧!
Tuōmǎsī:	Nǐ lái wǒmen xuěxiào ba.
苏珊:	好吧!
Sūshān:	Hǎoba!

Translation of dialogue

Susan:	Thomas, where do you work?
Thomas:	I work for Air France.
David:	Thomas is the chief representative of their company.
Thomas:	Susan, do you work?
Susan:	I don't work. I work at home.
David:	Thomas can speak Chinese, his Chinese is very good.

Susan: Is it? Where do you study Chinese?
Thomas: At the HI School.
Susan: I want to learn Chinese, too.
Thomas: Then come to our school!
Susan: OK!

5.5 Communicative and Visualization activities

1. Vocabulary

Visualize and project the image of the words and phrases one by one on the screen, meanwhile feel the meaning of it.

zài	在	shuō	说	yī	一
nǎr	哪儿	shuō huà	说话	èr	二
gōngzuò	工作	hé … shuōhuà	和 … 说话	sān	三
hángkōng	航空	xiǎng	想	sì	四
gōngsī	公司	lái	来	wǔ	五
hángkōng gōngsī	航空公司	xuéxí	学习	liù	六
Fǎguó Hángkōng Gōngsī	法国航空公司	xué	学	qī	七
zǒng	总	xuéxiào	学校	bā	八
dàibiǎo	代表	Hànyǔ	汉语	jiǔ	九

| zǒngdàibiǎo | 总代表 | jiā | 家 | líng | 零 |
| jiā | 家 | huì | 会 | | |

2. Other communicative activities

- Use a map of the world for the names of the countries and languages
- Ask each other and talk about your country and language
- Use the pictures of famous people from different countries to practise the same
- Ask each other which languages you can and would like to speak
- Ask each other where you work
- Talk about pictures from magazines of people at work
- Ask each other and say what you would like to study and drink
- Practise adding '吧 ba' to orders and requests

5.6 Songs and games

- A game based on countries and languages
- A song which names some countries and nationalities
- A game to practise the numbers 0 to 9

LESSON 6   WHERE DO YOU USUALLY GO?

6.1 Summary

Pronunciation

1. Changing on the third tone
2. First tone vs second tone

Other contents

1. S + (bù) hé + somebody 'yìqǐ' + verb

2. '太 tài' + adjective + '了 le'
   For example: Tài hǎo le!   Wǒ tài lèi le
                  Tài máng le!   Wǒ tài kě le
                  Tài lěng le.   Tài rè le.

3. ' 太 tài' after '不 bù'
   For example: bú tài lěng   bú tài máng
                  bú tài huì   bú tài hǎo

4. '好吗 Hǎo ma?' to ask for an opinion or permission
   For example: Wǒmen yìqǐ qù, hǎoma? – Hǎo de. (inquiry)
                  Wǒ qù nǐ jiā, hǎoma? – Hǎo ba. (asking for permission)

5. Questions and answers (nationalities and languages)

6. Numbers from 10 to 19

Vocabulary (general)

tīngshuō	听说	heard
qù	去	to go
háizi	孩子	child; children
hé	和	with; and
yìqǐ	一起	together
hé ... yìqǐ	和 ... 一起	with ... (together)

Wǒ hé tā yìqǐ qù gōngyuán. 我和她一起去公园 I'm going to the park (together) with him
Wǒmen yìqǐ qù, hǎoma? 我们一起去, 好吗? Shall we go together?

gōngyuán	公园	park
jīngcháng	经常	often
cháng	常	usually
xǐhuan	喜欢	to like; fond of
wán(r)	玩(儿)	to play; to have fun
sànbù	散步	to take a walk
piàoliang	漂亮	beautiful
kōngqì	空气	air
xīnxiān	新鲜	fresh
shénme shíhou	什么时候	when
xià	下	next
xiàxīngqī	下星期	next week
tài	太	too; over
āi	哎	(for a greeting, to arouse attention)
shìchǎng	市场	market
yínháng	银行	bank
fànguǎn(r)	饭馆(儿)	restaurant
wǎngluò gōngsī	网络公司	internet company
bàngōngshì	办公室	office

Vocabulary (numbers)

shí	十	10
shíyī	十一	11
shí'èr	十二	12
shísān	十三	13
shísì	十四	14
shíwǔ	十五	15
shíliù	十六	16
shíqī	十七	17
shíbā	十八	18
shíjiǔ	十九	19

6.2 Warm-up

- Key language from Lessons 1-5
- More questions with 你在哪儿…? Nǐ zài nǎr …?
- Questions with 你去哪儿… ? Nǐ qù nǎr + verb …?

6.3 Intensive practice
6.3.1 Pronunciation
1. Distinguishing the initials

zi // zhi
si // ci
chi // si
zhi // ri
chi // shi
ri // zi

2. Tone changing on 'yī'

Before 1st tone *Before 3rd tone*
yìzhī   yìqǐ
yìtiān   yìběn
yìbēi   yìshǒu
yìtīng   yìgǔ

Before 2ⁿᵈ tone	*Before 4ᵗʰ tone*
yìnián	yíkuài
yìtiáo	yígè
yìpíng	yícì
yìtóu	yíkè

3. Words ending in 'r'

yǒudiǎnr
fànguǎnr
gōngyuánr
wánr
huār
yìtīngr
xiǎoháir
yíxiàr
nǎr
zhèr

6.3.1 Structures

1. Phrases with 'hé … yìqǐ'

    hé xiānsheng yìqǐ
    hé háizi yìqǐ
    hé tā yìqǐ
    hé Màikè yìqǐ
    hé wǒ yìqǐ
    hé fūren yìqǐ
    hé péngyou yìqǐ
    hé zǒng dàibiǎo yìqǐ

2. Sentences with 'hé … yìqǐ'

我和孩子一起去公园
Wǒ hé háizi yìqǐ qù gōngyuán
苏珊和麦克不一起学习汉语
Sūshān hé Màikè bú yìqǐ xuéxí Hànyǔ
她不和我一起工作
Tā bù hé wǒ yìqǐ gōngzuò

我和我先生一起散步
Wǒ hé wǒ xiānsheng yìqǐ sànbù

大卫和孩子们一起玩儿
Dàwèi hé háizimen yìqǐ wánr

我和朋友一起去饭馆儿
Wǒ hé péngyou yìqǐ qù fànguǎnr

我和夫人一起去市场
Wǒ hé fūren yìqǐ qù shìchǎng

她不和我一起去银行
Tā bù hé wǒ yìqǐ qù yínháng

3. Sentences with 'qù' + verb

他们去玩儿
Tāmen qù wánr

我去散步
Wǒ qù sànbù

我们去学习
Wǒmen qù xuéxí

大卫去工作
Dàwèi qù gōngzuò

4. Questions with ' … qù nǎr?' + verb

Teacher	Student
他们去公园玩儿	他们去哪儿玩儿?
Tāmen qù gōngyuán wánr	Tāmen qù nǎr wánr?
我去公园散步	你去哪儿散步?
Wǒ qù gōngyuán sànbù	Nǐ qù nǎr sànbù?
我们去学校学习	你们去哪儿学习?
Wǒmen qù xuéxiào xuéxí	Nǐmen qù nǎr xuéxí?
大卫去网络公司工作	大卫去哪儿工作?
Dǎwèi qù wǎngluò gōngsī gōngzuò	Dǎwèi qù nǎr gōngzuò?

5. Questions with ' … zai nǎr?' + verb

Teacher	**Student A**	**Student B**
工作, 网络公司	你在哪儿工作?	我在网络公司工作
gōngzuò, wǎngluò gōngsī	Nǐ zài nǎr gōngzuò?	Wǒ zài wǎngluò gōngsī gōngzuò
学习, 学校	你在哪儿学习?	我在学校学习
xuéxí, xuéxiào	Nǐ zài nǎr xuéxí?	Wǒ zài xuéxiào xuéxí
散步, 公园	你在哪儿散步?	我在公园散步
sànbù, gōngyuán	Nǐ zài nǎr sànbù?	Wǒ zài gōngyuán sànbù
休息, 家	你在哪儿休息?	我在家休息
xiūxi, jiā	Nǐ zài nǎr xiūxi?	Wǒ zài jiā xiūxi
玩儿, 北京	你在哪儿玩儿?	我在北京玩儿
wánr, Běijīng	Nǐ zài nǎr wánr?	Wǒ zài Běijīng wánr

6. Fluency checkpoint *(complete the conversation)*

A. 你好, 你_____哪儿?

    Nǐhǎo, nǐ _____ nǎr? (hint: 去 qù)

B. 我去_____取钱

    Wǒ qù _____ qǔqián. (hint: 银行 yínháng)

A. 我_____想_____银行取钱

    Wǒ_____ xiǎng _____ yínháng qǔqián. (hint: yě 也 … 去 qù)

B. 我们_____去, _____?

    Wǒmen _____ qù, _____? (hint: 一起 yìqǐ … 好吗 hǎo ma)

A. 好的.

    Hǎode.

6.4 Dialogue

A: 哎, 芭芭拉!
    Ai, Bābala!

B: 是你,安吉拉! 你去哪儿?
    Shì nǐ, Ānjila! Nǐ qù nǎr?

A: 我和孩子一起去公园.

Wǒ hé háizi yìqǐ qù gōngyuán

B: 你经常去公园吗?
Nǐ jīngcháng qù gōngyuán ma?

A: 对,孩子们喜欢去公园玩儿.
Duì, háizimen xǐhuan qù gōngyuán wánr.

B: 我也很喜欢在公园散步.
Wǒ yě hěn xǐhuan zài gōngyuán sànbù.

A: 你经常去哪个公园?
Nǐ jīngcháng qù nǎge gōngyuán?

B: 我常去北海公园
Wǒ cháng qù Běihǎi gōngyuán.

A: 听说北海公园很漂亮.
Tīngshuō Běihǎi gōngyuán hěn piàoliang.

B: 是的,空气也很新鲜.
Shìde, kōngqì yě hěn xīnxiān.

A: 你什么时候再去?
Nǐ shénme shíhou zài qù?

B: 下星期.
Xiàxīngqī.

A: 下星期我也去北海.
Xiàxīngqī wǒ yě qù Běihǎi gōngyuán

B: 太好了! 我们一起去, 好吗?
Tài hǎo le! Wǒmen yìqǐ qù, hǎo ma?

A: 好吧.
Hǎoba!

Translation of dialogue

A: Hi, Barbara!
B: It's you, Angela! Where are you going?
A: I'm going to the park with my children.
B: Do you often go to the park?
A: Yes, the children like going to the park for fun.
B: I like walking very much in the park, too.
A: Which park do you usually go to?
B: I usually go to Beihai park.
A: I've heard that Beihai Park is very beautiful.

B: That's right, and the air is very fresh, too.
A: When are you going there again?
B: Next week.
A: I'm going to Beihai Park next week, too.
B: Great! Let's go together, OK?
A: OK

6.5 Communicative and Visualization activities
1. Vocabulary

Visualize and project the image of the words and phrases one by one on the screen, meanwhile feel the meaning of it.

qù	去	xià	下	shí	十
háizi	孩子	xiàxīngqī	下星期	shíyī	十一
hé … yìqǐ	和 … 一起	tài	太	shí'èr	十二
hé	和	āi	哎	shísān	十三
yìqǐ	一起	yínháng	银行	shísì	十四
gōngyuán	公园	fànguǎn(r)	饭馆(儿)	shíwǔ	十五
cháng	常	gōngsī	公司	shíliù	十六
jīngcháng	经常	wǎngluò gōngsī	网络公司	shíqī	十七
xǐhuan	喜欢	bàngōngshì	办公室	shíbā	十八
wán(r)	玩(儿)	Shénme shíhou?	什么时候?	shíjiǔ	十九

sànbù	散步
piàoliang	漂亮
kōngqì	空气
xīnxiān	新鲜

2. Other communicative activities

- Make various statements and questions about pictures of the new places you have learned
- Practise numbers from 1 to 19 using pictures, drawings and/or gestures
- Make dialogues like the one in this lesson, but about different places
- Describe the places using the adjectives you have learned so far

6.6 Songs and games

- Games to practise the numbers from 1 to 19
- A song which uses these numbers

LESSON 7 WHO'S GOING SHOPPING?

7.1 Summary

1. Questions with 'xiǎng' + verb
   For example: Nǐ xiǎng mǎi shénme? – Wǒ xiǎng mǎi …. Nǐ ne?

2. Questions with repeated verb and 'bu'
   For example: Nǐ lái bu lái? – Wǒ (bù) lái.
   Nǐ xiǎng bu xiǎng xuéxí Hànyǔ?

3. Questions with 'bu' and 'ma'
   For example: Nǐ bú shàng kè ma?

4. General review of all question words and forms

5. Numbers from 20 to 100, plus 1000 and 2000

Vocabulary (general)

xiàwǔ	下午	afternoon
zài	在	to be at; to be in
jīntiān	今天	today
shàngkè	上课	to have a class; to start a class
kè	课	lesson; class
chāoshì	超市	supermarket

mǎi dōngxi	买东西	to buy stuff
mǎi	买	to buy
dōngxi	东西	something; stuff
shàngbān	上班	to work; to go to work
bān	班	work; work shift
shuí	谁	who; whom
yǒu	有	to have
chī	吃	to eat
chīfàn	吃饭	to have a meal
chī dōngxi	吃东西	to eat something
shūcài	蔬菜	vegetable
shuǐguǒ	水果	fruit
miànbāo	面包	bread
huángyóu	黄油	butter
ròu	肉	meat
shūcài	蔬菜	vegetable
shuǐguǒ	水果	fruit
miànbāo	面包	bread
huángyóu	黄油	butter
ròu	肉	meat
shēngcài	生菜	lettuce
qíncài	芹菜	celery
qiézi	茄子	eggplant
càihuā	菜花	cauliflower
huángguā	黄瓜	cucumber
mógu	蘑菇	mushroom
yángcōng	蘑菇	onion
dàsuàn	大蒜	garlic
biǎndòu	扁豆	runner bean
kǔguā	苦瓜	bitter melon

Vocabulary (numbers)

èrshí	二十	20
sānshí	三十	30
sìshí	四十	40

wǔshí	五十	50
liùshí	六十	60
qīshí	七十	70
bāshí	八十	80
jiǔshí	九十	90
yìbǎi	一百	100
yīqiān	一千	1000
liǎngqiān	两千	2000

7.2 Warm-up

- Say where you study Chinese, work and do your shopping
- Say what kinds of food you like (in your own country, and in China)

7.3 Intensive practice
7.3.1 Pronunciation

1. 'yi' with a repeated verb

děngyiděng
shuōyishuō
tíngyitíng
xuéyixué
kànyikàn
tīngyitīng
shìyishì
dúyidú

2. 'bu' with a repeated word to make a question

lái	lái bu lái?
qù	qù bu qù?
zhǎo	zhǎo bu zhǎo?
xuéxí	xuéxí bu xuéxí?
gōngzuò	gōngzuò bu gōngzuò?
hē	hē bu hē?
kě	kě bu kě?
kùn	kùn bu kùn?

hǎo   hǎo bu hǎo?
è   è bu è?
xiǎng   xiǎng bu xiǎng?

7.3.2 Structures

1. Short answers to questions with 'bu' and repeated word

Teacher	Student A	Student B
你来不来? Nǐ lái bu lái?	我来 Wǒ lái	我不来 Wǒ bù lái
你想不想学习汉语? Nǐ xiǎng bu xiǎng xuéxí Hànyǔ?	我想 Wǒ xiǎng	我不想 Wǒ bu xiǎng
她吃不吃水果? Tā chī bu chī shuǐguǒ?	她吃 Tā chī	她不吃 Tā bu chī
你们买不买东西? Nǐmen mǎi bu mǎi dōngxi?	我们买 Wǒmen mǎi	我们不买 Wǒmen bu mǎi
我等不等你? Wǒ děng bu děng nǐ?	你等 Nǐ děng	你不等 Nǐ bu děng
你喝不喝茶? Nǐ hē bu hē chá?	我喝 Wǒ hē	我不喝 Wǒ bu hē

2. Changing questions from 'ma' to 'bu'

Teacher	Student
你在网络公司工作吗? Nǐ zài wǎngluò gōngsī gōngzuò ma?	你在不在网络公司工作? Nǐ zài bu zài wǎngluò gōngsī gōngzuò?
你们去超市买东西吗? Nǐmen qù chāoshì mǎi dōngxi ma?	你们去不去超市买东西? Nǐmen qù bu qù chāoshì mǎi dōngxi?
他是不是你们的总代表? Tā shì bu shì nǐmen de zǒngdàibiǎo?	他是你们的总代表吗? Tā shì nǐmen de zǒng dàibiǎo ma?
你在不在家? Nǐ zài bu zài jiā?	你在家吗? Nǐ zài jiā ma?
公园漂亮吗? Gōngyuán piàoliang ma?	公园漂亮不漂亮? Gōngyuán piàoliang bu piàoliang?
你忙不忙? Nǐ máng bu máng?	你忙吗? Nǐ máng ma?

3. Questions with 'bu' and 'ma'

你不上课吗?

Nǐ bú shàngkè ma?

你今天不上班吗?

Nǐ jīntiān bú shàngbān ma?

苏珊不想去吗?

Sūshān bù xiǎng qù ma?

你不来找我吗?

Nǐ bù lái zhǎo wǒ ma?

你不买东西吗?

Nǐ bù mǎi dōngxi ma?

4. Question formation (review of all forms)

Teacher	Student
大卫在北京学习汉语(什么?)	大卫在北京学习什么?
Dàwèi zài Běijīng xuéxí Hànyǔ (shénme?)	Dàwèi zài Běijīng xuéxí shénme?
我去公园散步 (哪儿?)	你去哪儿散步？
Wǒ qù gōngyuán sànbù (nǎr?)	Nǐ qù nǎr sànbù?
我和孩子一起去公园玩儿 (和谁?)	你和和谁一起去公园玩儿?
Wǒ hé háizi yìqǐ qù gōngyuán wánr (hé shuí?)	Nǐ hé hé shuí yìqǐ qù gōngyuán wánr?
我在网络公司工作 (哪儿?)	你在哪儿工作?
Wǒ zài wǎngluò gōngsī gōngzuò (nǎr?)	Nǐ zài nǎr gōngzuò?
苏珊是英国人 (哪?)	苏珊是哪国人?
Sūshān shì Yīngguó rén (nǎ?)	Sūshān shì nǎguó rén?
今天下午我去商店买东西 (什么时候?)	你什么时候去商店买东西?
Jīntiān xiàwǔ wǒ qù shāngdiàn mǎi dōngxi (shénme shíhòu?)	Nǐ shénme shíhòu qù shāngdiàn mǎi dōngxi?
王先生喜欢喝咖啡 (谁?)	谁喜欢喝咖啡?
Wáng xiānsheng xǐhuan hē kāfēi (shuí?)	Shuí xǐhuan hē kāfēi?
我来找你 (谁?)	谁来找你?
Wǒ lái zhǎo nǐ (shuí?)	Shuí lái zhǎo nǐ?

5. Fluency checkpoint *(answer questions)*

你不上课吗?
Nǐ bú shàngkè ma?

你今天不上班吗?
Nǐ jīntiān bú shàngbān ma?

苏珊不想去吗?
Sūshān bù xiǎng qù ma?

你不来找我吗?
Nǐ bù lái zhǎo wǒ ma?

你不买东西吗?
Nǐ bù mǎi dōngxi ma?

7.4 Dialogue

A: 下午你在家吗?
   Xiàwǔ nǐ zài jiā ma?

B: 在,今天下午我不上课.
   Zài, jīntiān xiàwǔ wǒ bú shàngkè.

A: 我去超市买东西, 你去不去?
   Wǒ qù chāoshì mǎi dōngxi, nǐ qùbuqù?

B: 你今天不上班吗?
   Nǐ jīntiān bú shàngbān ma?

A: 今天我休息.
   Jīntiān wǒ xiūxi.

B: 我家也没有吃的东西了. 我和你一起去.
   Wǒ jiā yě méiyǒu chīde dōngxi le, wǒ hé nǐ yìqǐ qù.

A: 太好了! 你想买什么?
   Tài hǎo le! Nǐ xiǎng mǎi shénme?

B: 我想买蔬菜和水果, 你呢?
   Wǒ xiǎng mǎi shūcài hé shuǐguǒ, nǐ ne?

A: 我买面包, 黄油和肉
   Wǒ mǎi miànbāo, huángyóu hé ròu.

B: 好吧, 下午你来找我.
   Hǎoba, xiàwǔ nǐ lái zhǎo wǒ.

Translation of dialogue

A: Will you be home this afternoon?

B: Yes, I don't have a class this afternoon.
A: I'm going shopping in the supermarket, are you coming (too)?
B: Aren't you working today?
A: Today I'm resting.
B: I haven't got anything to eat at home either; and I'll go with you.
A: Great, what do you want to buy?
B: I want to buy vegetables and fruit; what about you?
A: I'll buy bread, butter and meat .
B: OK, come to my place [and look for me] this afternoon.

7.5 Communicative and Visualization activities

1. Vocabulary

Visualize and project the image of the words and phrases one by one on the screen, meanwhile feel the meaning of it.

xiàwǔ	下午	shēngcài	生菜	èrshí	二十
zài	在	qíncài	芹菜	sānshí	三十
jīntiān	今天	qiézi	茄子	sìshí	四十
shàngkè	上课	càihuā	菜花	wǔshí	五十
kè	课	huángguā	黄瓜	liùshí	六十
chāoshì	超市	mógu	蘑菇	qīshí	七十

mǎi dōngxi	买东西	yángcōng	洋葱	bāshí	八十
mǎi	买	dàsuàn	大蒜	jiǔshí	九十
dōngxi	东西	biǎndòu	扁豆	yìbǎi	一百
shàngbān	上班	kǔguā	苦瓜	yīqiān	一千
bān	班	shūcài	蔬菜	liǎngqiān	两千
chī	吃	shuǐguǒ	水果		
chīfàn	吃饭	miànbāo	面包		
chī dōngxi	吃东西	huángyóu	黄油		
yǒu	有	ròu	肉		
		shuí	谁		

2. Other communicative activities

- Practise various statements and questions using pictures of food for
- Practise numbers from 0 to 2000
- Make up shopping dialogues in a supermarket, and a street market
- Make up a dialogue like the one in the lesson, about what to buy
- Look at pictures of places to say where you would like to go

7.6 Songs and games

- A game to practise the numbers from 0 to 2000
- A game based on kinds of food, perhaps combined with nationalities

LESSON 8　　CAN YOU MAKE IT A BIT CHEAPER?

8.1 Summary

Pronunciation

1. Distinguishing similar sounds
2. Phrases with mixed tones

Other contents

1. Shopping: quantities and money
   For example: Duōshǎo qián yìjīn? (Yìjīn duōshǎo qián?)
   　　　　Xīguā duōshǎo qián yìjīn? – Xīguā yí kuài èr yìjīn.
   　　　　Pútao yìjīn duōshǎo qián? – Pútao yìjīn sān kuài qián.

2. Hái + V. + biéde ma?
   For example: Hái yào biéde ma?

3. Rules for the number ' 2 ' (èr, liǎng):
   (1) followed by a measure word, it's 两 (liǎng)
    For example: Liǎng ge rén, liǎng jīn píngguǒ
   (2) in figures, it follows the rules below:
   　　　2　　　èr
   　　　22　　　èrshí'èr
   　　　222　　　èrbǎi èrshí'èr or liǎngbǎi èrshí'èr
   　　　2,000　　liǎng qiān
   　　　20,000　 liǎng wàn

4. '多少 Duōshǎo' and '几 jǐ' to ask about quantity:
   - under ten, use 'ji'
   - more than ten, use 'duōshǎo '多少'.
   For example: Nǐ mǎi jǐjīn píngguǒ? – Wǒ mǎi sān jīn.
                   Nǐmen gōngsī yǒu duōshāo rén? – Yǒu èrshí rén.

5. Noun phrases with 'de'
   For example: wǒ de shū; wǒmen de lǎoshī

6. Questions and answers with 'hái' and 'zài'

Vocabulary

pinyin	汉字	English	pinyin	汉字	English
duōshǎo	多少	how much, how many	píngguǒ	苹果	apple
jǐ	几	how much, how many	xiāngjiāo	香蕉	banana
qián	钱	money	táozi	桃子	peach
jīn	斤	half-kilo, pound (weight)	lí	梨	pear
guì	贵	expensive	mángguǒ	芒果	mango
piányi	便宜	cheap	júzi	桔子	tangerine
yìdiǎnr	一点儿	a little, a bit	cǎoméi	草莓	strawberry
gěi	给	to give	xīguā	西瓜	watermelon
xiāngjiāo	香蕉	banana	pútao	葡萄	grape
bàn	半	half	níngméng	柠檬	lemon
xíng	行	ok, alright	lìzhī	荔枝	lychee
yào	要	to want	hāmìguā	哈密瓜	honeydew melon
biéde	别的	other(s)			
zhǎo	找	give back (change)			
hái	还	still			
… hái … biéde?	… 还 … 别的?	… still … anything else?			

8.2 Warm-up

- Key language from the past few lessons
- Talk about common foodstuffs, and how much they cost in China and in your own country

- Talk about what's cheap and what's expensive in China and in your own country

8.3 Intensive practice
8.3.1 Pronunciation
1. Distinguishing similar sounds

ki // gi   gi // ri
zi // ci   zi // si
ou // o   uo // ou
o // uo   ou // o

2. Phrases with mixed tones

duōshaǒqián	búkèqi
bú tài rè	xiūxi xiūxi
duìbuqǐ	lái zhǎo nǐ
yǒudiǎnr lěng	qù bu qù
méiguānxi	bú zài jiā
tài hǎo le	nǎguó rén
qù sànbù	Měiguó rén
mǎi dōngxi	qǐng hē chá
děngyiděng	piányi yìdiǎnr

8.3.2 Numbers
1. Ordinary numbers

11	shíyī
22	èrshíèr
201	èrbǎilíngyī
510	wǔbǎiyīshí
250	èrbǎiwǔshí
605	liùbǎilingwǔ
1250	yīqiānèrbǎiwǔshí
2050	liǎngqiānlingwǔshí
3008	sānqiānlingbā

2. Room numbers

2065	(èrlíngliùwǔ)
3118	(sānyàoyàobā)
114	(yàoyàosì)

1820   (yàobāèrlíng)
20H   (èrshí H)
2251   (èrèrwǔyāo)

3. Telephone numbers

64385006   liù sì sān bā wǔ líng líng liù
010-62218346   líng yī líng liù èr èr yī bā sān sì liù
2251348   èr èr wǔ yī sān sì bā
5643008   wǔ liù sì sān líng líng bā

4. Money (RMB)

28.00	èr shí bā kuài	2500.00	liǎng qiān wǔ bǎi kuài
80.50	bā shí kuài wǔ máo	3850.00	sān qiān bā bǎi wǔ shí kuài
250.00	èr bǎi wǔ shí kuài	2050.00	liǎng qiān líng wǔ shí kuài
205.00	èr bǎi líng wǔ kuài		

8.3.3   Structures
1. Phrases with 'de'

wǒ de shū	jīntiān de gōngzuò	shíkuài qián de shūcài
wǒmen de lǎoshī	zhège xīngqī de lǚxíng	liángkuài qián de cǎoméi
tā de tóngxué	nàge shāngdiàn de shūcài	wǔkuài qián de jīdàn
māma de péngyou	míngtiān de xuéxí	
Dàwèi de fūrén	nàge fànguǎnr de cài	
Běijīng de chūntiān	zhège xuéxiào de lǎoshī	

2. Questions and answers with 'biéde'

Teacher	Student A	Student B	Student A	Student B
买, 苹果	你买什么?	我买两斤苹果.	还买别的吗?	不买了
mǎi, píngguǒ	Nǐ mǎi shénme?	Wǒ mǎi liǎngjīn píngguǒ	Hái mǎi biéde ma?	Bù mǎi le
要, 水果	你要什么?	我要水果.	还要别的吗?	不要了
yào, shuǐguǒ	Nǐ yào shénme?	Wǒ yào shuǐguǒ	Hái yào biéde ma?	Bù yào le.
吃, 香蕉	你吃什么?	我吃香蕉.	还吃别的吗?	不吃了
chī, xiāngjiāo	Nǐ chī shénme?	Wǒ chī xiāngjiāo	Hái chī biéde ma?	Bù chī le
喝, 矿泉水	你喝什么?	我喝矿泉水.	还喝别的吗?	不喝了

hē, kuàngquánshuǐ	Nǐ hē shénme?	Wǒ hē kuàngquánshuǐ.	Hái hē biéde ma?	Bù hē le
会说, 汉语	你会说什么？	我会说汉语.	还会说别的吗？	不会说了
huì shuō, Hànyǔ	Nǐ huì shuō shénme?	Wǒ huì shuō Hànyǔ	Hái huì shuō biéde ma?	Bù huì shuōle
学习, 英语	你学习什么？	我学习英语.	还学习别的吗？	不学习了
xuéxí, Yīngyǔ	Nǐ xuéxí shénme?	Wǒ xuéxí Yīngyǔ.	Hái xuéxí biéde ma?	Bù xuéxí le.

3. Questions and answers with 'hái' and 'zài'

Teacher	Student A	Student B
要, (五斤) 葡萄 yào, (wǔjīn) pútao	还要别的吗？ Hái yào biéde ma?	再要五斤葡萄 Zài yào wǔjīn pútao
吃 (一个) 桃 chī (yīge) táo	还吃别的吗？ Hái chī biéde ma?	再吃一个桃 Zài chī yīge táo
喝 啤酒 hē píjiǔ	还喝别的吗？ Hái hē biéde ma?	再喝啤酒 Zài hē píjiǔ.
想吃 西瓜 (还) xiǎng chī xīguā (hái)	还想吃别的吗？ Hái xiǎng chī biéde ma?	还想吃西瓜 Hái xiǎng chī xīguā.
想学 汉语 (还) xiǎng xué Hànyǔ (hái)	还想学别的吗？ Hái xiǎng xué biéde ma?	还想学汉语 Hái xiǎng xué Hànyǔ.

4. Fluency checkpoint *(translate into Chinese)*

1. I'm looking for Mr. Wang.   (**Hint**: *Wǒ zhǎo ...*   我找...)
2. I work for an internet company.   (**Hint**: *wǎngluò gōngsī.*   ...网络公司.)
3. I'm going to the park for fun; would you like to go with me?
   (**Hint**: *Wǒ qù ... wánr. Nǐ ... hé ... yīqǐ ...?* 我去...玩儿.你...和...一起...?)
4. What's your nationality? – I'm American. (**Hint**: *... nǎguó rén? –* .... 哪国人?-)
5. Where do you go for shopping? – I go to the supermarket (chāoshì) for shopping.
   (**Hint**: *Nǐ qù nǎr ...? –* 你去哪儿...?-)
6. How many apples do you want to buy?   (**Hint**: *Nǐ .... duōshǎo ...?* 你...多少...?)
7. Do you want anything else? – No, thank you.
   (**Hint**: *... hái yào ...? –* .... 还要...?-)
8. Is the fruit fresh? – Yes, my fruit is very fresh.
   (**Hint**: *Zhège ... xīnxiān ma? – Duì, ...*   这个...新鲜吗?-对,...)

8.4 Dialogue

A: 苹果多少钱一斤？
Píngguǒ duōshǎoqián yìjīn?

B: 两块五一斤.
Liǎng kuài wǔ yìjīn.

A: 太贵了! 便宜一点儿, 可以吗？
Tài guì le! Piányi yìdiǎnr, kěyǐ ma?

B: 你买多少？
Nǐ mǎi duōshǎo?

A: 我买十块钱的.
Wǒ mǎi shíkuàiqián de.

B: 十块钱？我给你五斤.
Shíkuài qián? Wǒ gěi nǐ wǔjīn.

A: 香蕉一斤多少钱？
Xiāngjiāo yìjīn duōshǎo qián?

B: 十块钱三斤半.
Shíkuài qián sānjīnbàn.

A: 八块钱, 行吗？
Bā kuài qián, xíng ma?

B: 好吧.
Hǎoba.

A: 这个多少钱？
Zhège duōshǎo qián?

B: 那个一块八. 还要别的吗？
Nàge yíkuài bā. Hái yào biéde ma?

A: 不要了. 一共多少钱？
Bú yào le. Yígòng duōshǎo qián?

B: 一共十八块.
Yígòng shíbā kuài.

A: 给你二十快.
Gěi nǐ èrshí kuài

B: 找你两块.
Zhǎo nǐ liǎng kuài.

Translation of dialogue
A: How much is one jin of apples?

B: Two and a half kuai for one jin.
A: Too expensive! Can you make it a bit cheaper?
B: How much are you going to buy?
A: I'll buy ten kuai's (worth).
B: Ten kuai? I'll give you five jin.
A: How much for one jin of bananas?
B: Ten kuai for three and a half jin.
A: Eight kuai, ok?
B: Alright.
A: How much is this?
B: That is one kuai eight (mao). Do you want anything else?
A: No, I don't . How much is that altogether
B: Altogether it's eighteen kuai.
A: Here's twenty kuai.
B: Here's two kuai change.

8.5 Communicative and Visualization activities
1.Vocabulary

Visualize and project the image of the words and phrases one by one on the screen, meanwhile feel the meaning of it.

多少	duōshǎo	苹果	píngguǒ	半	bàn	葡萄	pútao
钱	qián	香蕉	xiāngjiāo	行	xíng	荔枝	lìzhī
斤	jīn	桃子	táozi	要	yào		
贵	guì	梨	lí	还	hái		
便宜	piányi	芒果	mángguǒ	别的	biéde		
一点儿	yìdiǎnr	桔子	júzi	找	zhǎo		
几	jǐ	草莓	cǎoméi	柠檬	níngméng		
给	gěi	西瓜	xīguā	哈密瓜	hāmìguā		

2. Other communicative activities

- Practice naming different kinds of fruit (and vegetables) using pictures
- Use the same pictures to practice shopping in a street market (asking how much, etc.)
- Make up a dialogue similar to the one in the lesson, with different items and quantities
- More shopping dialogues, with other common items of clothing
- Practise asking each other's phone numbers (home & mobile)

8.6 Songs and games

- A game(s) to practise phone numbers, numbers in hotels, and amounts of money
- A game using the cards with pictures of fruit and vegetables
- A song naming fruit and vegetables

LESSON 9   IT'S TIME FOR LUNCH

9.1 Summary

1. Telling the time: Xiànzài jǐdiǎn le? – Xiànzài … le.
   For example: jiǔdiǎn, bādiǎn shífēn, bādiǎn guò shífēn, bādiǎn yíkè, bādiǎn bàn, chà yíkè jiǔdiǎn

2. Gāi + V - O. – le
   For example: Gāi shàngkè le

3. Huí 回 (not 'qù') for going to one's home (country)
   For example: 'huíjiā', 'huíguó'

4. zěnmeyàng? to ask for someone's opinion, similar to 'hǎo ma?', 'kěyǐ ma?'
   For example: Wǒmen qù Chángchéng, zěnmeyàng? (Wǒmen qù Chángchéng, hǎoma?)
   But 'kěyǐ ma?' is used to ask for permission.
   For example: Wǒ kěyǐ jìnlai ma? Wǒ kěyǐ hé nǐ yìqǐ qù ma?

5. Questions with 还是 háishì
   For example: Nǐ qù nǎr, gōngsī háishì xuéxiào?

Vocabulary

xiànzài	现在	now, at present
diǎn	点	hour; point

fēn	分	minute
wǔfàn	午饭	lunch
fàn	饭	meal
(shì) ..., hái shì ... ?	(是) ..., 还是 ... ?	... or ... ?
fànguǎnr	饭馆儿	restaurant
huí	回	to return
huíjiā	回家	go home
huíguó	回国	go back home (to one's own country)
zěnme yàng	怎们样	how about
zhīdào	知道	to know
fùjìn	附近	nearby (place)
nàr	那儿	there
xiǎo	小	small, little
cháng	尝	to taste
jiù	就	then
Gāi ... le	该 ... 了	It's time to/for ...
Gāi shàngkè le	该上课了	It's time to start class
Gāi chīfàn le	该吃饭了	It's time to have a meal

9.2 Warm-up

- Key language from the past few lessons
- Talk about the time, and what time you go to school, go home, etc.
- Talk about the school neighborhood, and what there is around (restaurants, parks, banks etc.)

9.3 Intensive practice

9.3.1 Time

1. Times of day and meals

早上	早饭
zǎoshang	zǎofàn
上午	
shàngwǔ	

中午	午饭
zhōngwǔ	wǔfàn
下午	
xìawǔ	
晚上	晚饭
wǎnshang	wǎnfàn
夜里	
yèli	

2. Telling the time

bādiǎn guò shífēn

chà yíkè jiǔdiǎn

bādiǎn yíkè

bādiǎn sānshí (fēn)

jiǔdiǎn

bādiǎn shífēn

bādiǎn bàn

bādiǎn shíwǔ (fēn)

bādiǎn sìshíwǔ (fēn)

9.3.2 Structures
1. Adjectives from 'hǎo' + verb

hǎochī	好吃
hǎokàn	好看
hǎoxué	好学
hǎomǎi	好买
hǎohē	好喝
hǎowánr	好玩儿
hǎozǒu	好走

2. Questions with 还是 háishì (1)

你吃水果还是蔬菜?

Nǐ chī shuǐguǒ háishì shūcài?

你喜欢北京还是上海?

Nǐ xǐhuan Běijīng háishì Shànghǎi?

她会说英语还是法语?

Tā huì shuō Yīngyǔ háishì Fǎyǔ?

你先生是美国人还是英国人?

Nǐ xiānsheng shì Měiguó rén háishì Yīngguó rén?

她在银行还是在商店工作?

Tā zài yínháng háishì zài shāngdiàn gōngzuò?

3. Questions with 还是 háishì (1)

你去哪儿, 公司还是学校?

Nǐ qù nǎr, gōngsī háishì xuéxiào?

你买什么, 香蕉还是草莓?

Nǐ mǎi shénme, xiāngjiāo háishì cǎoméi?

谁是你的老师, 赵晶还是张丽?

Shuí shì nǐ de lǎoshī, Zhào Jīng háishì Zhāng Lì?

你和谁一起去, 大卫还是麦克?

Nǐ hé shuí yìqǐ qù, Dàwèi háishì Màikè?

你们几点下课, 十一点还是十二点?

Nǐmen jǐdiǎn xiàkè, shíyīdiǎn háishì shí'èrdiǎn?

4. It's time to … (Gāi … le)

Teacher	Student
九点, 上课.	九点了. 该上课了!
9:00, shàngkè.	Jiǔ diǎn le. Gāi shàngkè le!
十二点, 吃午饭	十二点了. 该吃午饭了!
12:00, chī wǔfàn	Shí'èr diǎn le. Gāi chī wǔfàn le!
八点半, 工作	八点半了. 该工作了
8:30, gōngzuò	Bādiǎn bàn le. Gāi gōngzuò le!
晚上十一点, 休息	晚上十一点了. 该休息了
11:00 p.m., xiūxi	Wǎnshàng shíyī diǎn le. Gāi xiūxi le!
下午六点, 回家	下午六点了. 该回家了
6:00p.m., huíjiā	Xiàwǔ liù diǎn le. Gāi huíjiā le!

5. Fluency checkpoint (say these times in Chinese)

4:00
7:10
9:30
2:15
1:25
11:45
10:30
3:35
12:40
5:50
6:55

9.4 Dialogue

A: 现在几点了?
Xiànzài jǐdiǎn le?

B: 十二点十分.
Shíèr diǎn shífèn.

A: 该吃午饭了, 我有点儿饿.
Gāi chī wǔfàn le, wǒ yǒudiǎnr è.

B: 你去哪儿吃? 家还是饭馆儿?
Nǐ qù nǎr chī? Jiā háishì fànguǎnr?

A: 我想回家吃.
Wǒ xiǎng huíjiā chī.

B: 我们一起去饭馆儿, 怎们样?
Wǒmen yìqǐ qù fànguǎnr, zěnmeyàng?

A: 好啊, 去哪个饭馆儿?
Hǎo'a, qù nǎge fànguǎnr?

B: 我知道附近有一个小饭馆儿.
Wǒ zhīdào fùjìn yǒu yíge xiǎo fànguǎnr.

A: 那儿的菜好吃吗?
Nàr de cài hǎochī ma?

B: 你去尝尝, 就知道了.
Nǐ qù chángchang, jiù zhīdào le.

A: 好, 我们走吧.
Hǎo, wǒmen zǒuba.

Translation of dialogue

A: What time is it now?
B: Ten past twelve.
A: It's time for lunch. I'm a little hungry.
B: Where are you going to eat, (at) home or (in a) restaurant?
A: I want to go home to eat.
B: How about going to a restaurant together?
A: OK, which restaurant shall we go to?
B: I know (there is) a small restaurant nearby.
A: Are the vegetables delicious there?
B: (If) you [go and] have a taste, then you'll know.
A: OK, let's go.

9.5 Communicative and Visualization activities

1. Vocabulary

Visualize and project the image of the words and phrases one by one on the screen, meanwhile feel the meaning of it.

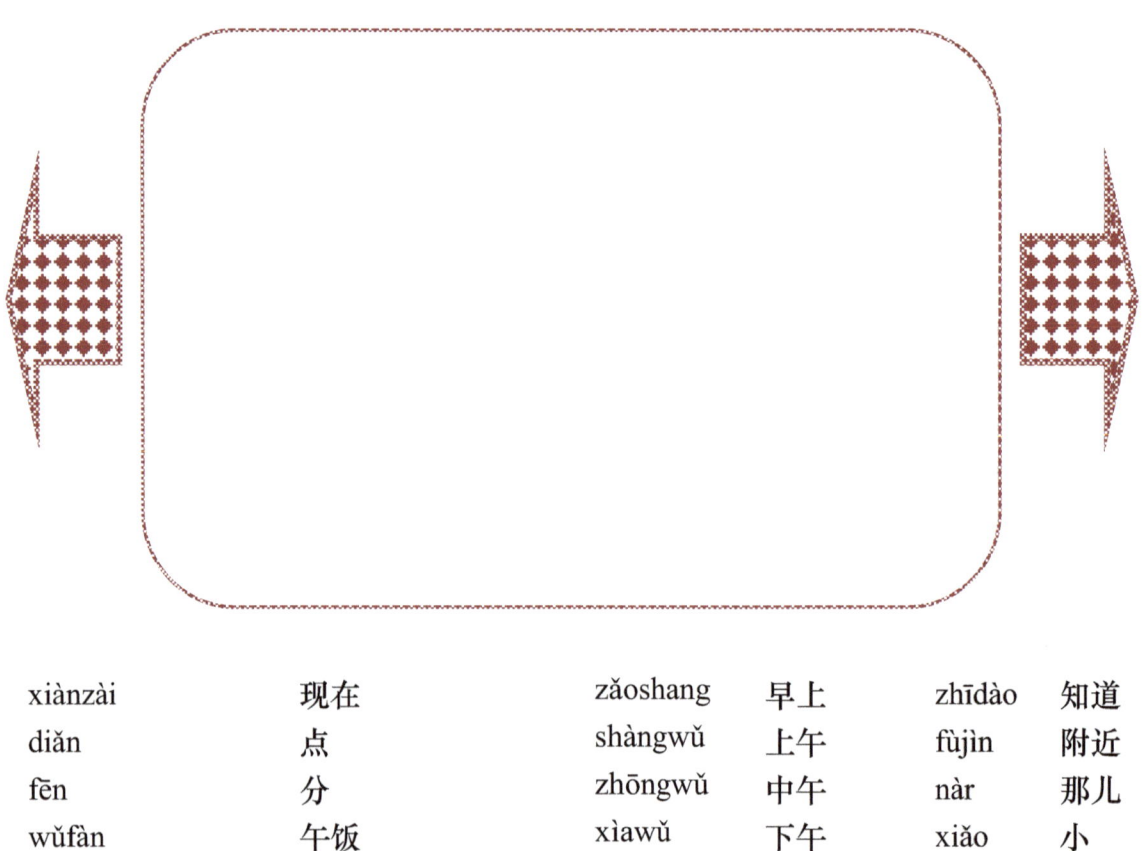

xiànzài	现在	zǎoshang	早上	zhīdào	知道
diǎn	点	shàngwǔ	上午	fùjìn	附近
fēn	分	zhōngwǔ	中午	nàr	那儿
wǔfàn	午饭	xiàwǔ	下午	xiǎo	小

fàn	饭		wǎnshang	晚上	cháng 尝
(shì) ..., hái shì ... ?	(是) ..., 还是 ... ?		yèli	夜里	jiù 就
huí	回				
huíjiā	回家		wǎnfàn	晚饭	
huíguó	回国		zǎofàn	早饭	
zěnmeyàng	怎们样		wǔfàn	午饭	
gāi … le	该 … 了				
gāi shàngkè le	该上课了				
gāi chīfàn le	该吃饭了				

hǎochī 好吃	hǎoxué 好学		
hǎokàn 好看	hǎomǎi 好买		
hǎohē 好喝	hǎowánr 好玩儿		
	hǎozǒu 好走		

2. Other communicative activities

- Practice telling the time using a clock
- Also use the clock to say what it's time to do
- Ask each other what you do at various different times of day
- Using pictures or gestures, practice the '好 hǎo + V' adjectives
- Suggest going to various different places and ask each other's opinions

9.6 Songs and games

- A game to practise telling and giving the time
- A game based on the '好 hǎo + V' adjectives
- A song which mentions different times of day

LESSON 10   AT A RESTAURANT

10.1 Summary

Pronunciation

1. Distinguishing initials and finals

Structures and functions

1. Statements with '又 yòu …又 yòu …'

Ordering in a restaurant

2. Requesting things

3. Talking about food and tastes

4. Asking negative questions

Vocabulary

diǎn	点	to order
duìbuqǐ	对不起	Sorry!; Excuse me!
càidān	菜单	menu
wǎn	碗	bowl
hǎochī	好吃	delicious
zhāpí	扎啤	draught beer
yòu… yòu …	又…又	both … and …

pinyin	汉字	English
cì	次	time
xiàcì	下次	last time
jiézhàng	结账	pay the check
mànzǒu	慢走	Greeting when people leave ("Go slowly")
là	辣	hot (spicy)
suān	酸	sour
xián	咸	salty
dàn	淡	plain
kǔ	苦	bitter
yúxiāngròusī	鱼香肉丝	'fish-flavored pork strings'
mápódòufu	麻婆豆腐	spicy tofu (bean curd)
sānxiāntāng	三鲜汤	three-seafood soup
kǎoyā	烤鸭	roast duck
qīng zhēng yú	清蒸鱼	steamed fish
yóu mèn xiā	油焖虾	braised shrimps
shāo qiézi	烧茄子	roast eggplants
tǔdòu shāo niúròu	土豆烧牛肉	beef and potato stew
mógu dùn jī	蘑菇炖鸡	chicken and mushroom stew
niúpái	牛排	beef steak
yángpái	羊排	lamb steak
yán	盐	salt
cù	醋	vinegar
tián	甜	sweet
táng	糖	sugar
làjiāo	辣椒	chili pepper
kǔguā	苦瓜	bitter melon
jiàngyóu	酱油	soy sauce

10.2 Warm-up

- Review language from Level 1
- Why are you learning Chinese – where did you study it before?
- Do you like Chinese food? What are your favorite dishes?

10.3 Intensive practice
10.3.1 Pronunciation
Distinguishing initials and finals

jiā — gā	gā — jiā
zǎn — zěn	zěn — zǎn
fān — fāng	fāng — fān
zhēng — zhēn	zhēn — zhēng
gāo — jiāo	jiāo — gāo
cán — cén	cén — cán
dàng — dàn	dàng — dàn
chéng — chén	chén — chéng
gè — jiè	jiè — gè
gēn — gān	gān — gēn
lán — láng	láng — lán
shǎn — shǎng	shǎng — shǎn
jiǔ — gǔ	gǔ — jiǔ
nàn — nèn	nèn — nàn
mǎn — mǎng	mǎng — mǎn
yàng — yàn	yàn — yàng

10.3.2 Structures and functions

1. Statements with '又 yòu … 又 yòu …'

这儿的菜又好吃又…	便宜.
Zhèr de cài yòu hǎochī yòu…	piányi.
这个菜又酸 又…	甜.
Zhège cài yòu suān yòu …	tián.
这个菜又苦 又…	辣.
Zhège cài yòu kǔ yòu …	là
他又学中文 又…	学法文.
Tā yòu xué Zhōngwén yòu …	xué Fǎwén.
我们又工作 又…	学习.
Wǒmen yòu gōngzuò yòu …	xuéxí.

那个孩子又 好玩又…   好看.
Nàge háizi yòu hǎowánr   hǎokàn.
yòu …

2. Ordering in a restaurant

Teacher	Student A	Student B
英文菜单 Yīngwén càidān	你们有英文菜单吗? Nǐmen yǒu Yīngwén càidān ma?	有/ 没有 Yǒu / Méiyǒu
酱油 jiàngyóu	你们有酱油吗? Nǐmen yǒu jiàngyóu ma?	有/ 没有 Yǒu / Méiyǒu
扎啤 zhāpí	你们有扎啤吗? Nǐmen yǒu zhāpí ma?	有/ 没有 Yǒu / Méiyǒu
辣椒 làjiāo	你们有辣椒吗? Nǐmen yǒu làjiāo ma?	有/ 没有 Yǒu / Méiyǒu
大蒜 dàsuàn	你们有大蒜吗? Nǐmen yǒu dàsuàn ma?	有/ 没有 Yǒu / Méiyǒu

3. Requesting things

Teacher	Student A	Student B
吃 - 烤鸭 chī - kǎoyā	你们吃点儿什么? Nǐmen chī diǎnr shénme?	你们有烤鸭吗? Nǐmen yǒu kǎoyā ma?
喝 - 咖啡 hē – kāfēi	你们喝点儿什么? Nǐmen hē diǎnr shénme?	你们有咖啡吗? Nǐmen yǒu kāfēi ma?
买 - 香蕉 mǎi - xiāngjiāo	你们买点儿什么? Nǐmen mǎi diǎnr shénme?	你们有香蕉吗? Nǐmen yǒu xiāngjiāo ma?
吃 - 鱼香肉丝 chī - yúxiāngròusī	你们吃点儿什么? Nǐmen chī diǎnr shénme?	你们有鱼香肉丝吗? Nǐmen yǒu yúxiāngròusī ma?
喝 - 青岛啤酒 hē - Qīngdǎo píjiǔ	你们喝点儿什么? Nǐmen hē diǎnr shénme?	你们有青岛啤酒吗? Nǐmen yǒu Qīngdǎo píjiǔ ma?

4. Talking about food and tastes

Teacher	Student A	Student B
草莓 – 甜 – 好吃 cǎoméi – tián – hǎochī	草莓是甜的 Cǎoméi shì tián de	甜草莓好吃 Tián cǎoméi hǎochī

苹果 – 甜酸 – 好吃　　　　苹果是甜酸的　　　　　甜酸苹果好吃
píngguǒ – tiánsuān – hǎochī　Píngguǒ shì tiánsuān de　Tiánsuān píngguǒ hǎochī

葡萄 – 酸 – 不好吃　　　　　葡萄是酸的　　　　　　酸葡萄不好吃
pútao – suān – bù hǎochī　　Pútao shì suān de　　　Suān pútao bù hǎochī

菜 – 苦 – 不好吃　　　　　　菜是苦的　　　　　　　苦菜不好吃
cài – kǔ – bù hǎochī　　　　Cài shì kǔ de　　　　　Kǔ cài bù hǎochī

这个菜 – 淡 – 好吃　　　　　这个菜是淡的　　　　　这个淡菜好吃
zhège cài – dàn – hǎochī　　Zhège cài shì dàn de　　Zhège dàn cài hǎochī

面包 – 咸 – 好吃　　　　　　面包是咸的　　　　　　咸 面包 好吃
miànbāo – xián – hǎochī　　Miànbāo shì xián de　　Xián miànbāo hǎochī

5. Asking negative questions

你们没有燕京扎啤吗?
Nǐmen méiyǒu yānjīng zhāpí ma?

你不学习英语吗?
Nǐ bù xuéxí Yīngyǔ ma?

你不来我家吗?
Nǐ bù lái wǒ jiā ma?

他们不去买东西吗?
Nǐmen bú qù mǎi dōngxi ma?

你不吃肉吗?
Nǐ bù chī ròu ma?

6. Practical dialogues

ASKING FOR AN ENGLISH MENU

服务员:　　　先生, 现在点菜吗?
Fúwùyuán:　　Xiānsheng, xiànzài diǎncài ma?

客户:　　　　问, 有英文菜单吗?
Kèhù　　　　Qǐngwèn, yǒu yīngwén càidān ma?

服务员:　　　有, 给您.
Fúwùyuán:　　Yǒu, gěi nín.

ORDERING DRINK AND FOOD

服务员:	小姐, 您喝点儿什么?
Fúwùyuán:	Xiǎojiě, nín hēdiǎnr shénme?
客户:	你们有扎啤吗?
Kèhù	Nǐmen yǒu zhāpí ma?
服务员:	有. 您吃点儿什么?
Fúwùyuán:	Yǒu. Nín chīdianr shénme?
客户:	我要一个鱼香肉丝和一碗三鲜汤
Kèhù	Wǒ yào yíge yúxiāngròusī hé yìwǎn sānxiāntāng.

7. Fluency checkpoint (translate into Chinese)

Sentence	*Suggestion*
What time is it? It's ten to twelve.	*Jǐ diǎnle? Chā shí fēn shí èr diǎn.* 几点了? 差十分十二点.
Would you like to buy peaches or strawberries?	*Nǐ xiǎng mǎi táo háishì cǎoméi?* 你想买桃还是草莓?
Is the food there delicious (good to eat)?	*Nàr de cài hǎochī ma?* 那儿的菜好吃吗?
Do you have an English menu?	*Nǐmen yǒu yīngwén càidān ma?* 你们有英文菜单吗?
What would you like to drink? – I'd like a cup of tea.	*Nǐ hē diǎnr shénme? – Wǒ xiǎng hē yìbēi chá.* 你喝点儿什么? 我想喝一杯茶.
Don't you have any draught beer?	*Nǐmen méiyǒu zhāpí ma?* 你们没有扎啤吗?
Now it's nine o'clock, and it's time to have a lesson.	*Xiànzài jiǔ diǎnle, gāi shàngkè le.* 现在九点了, 该上课了.
This dish is both sour and salty. I don't want to eat it.	*Zhège cài yòu suān yòu xián. Wǒ bù xiǎng chī.* 这个菜又酸又咸. 我不想吃.

10.4 Dialogue

服务员:	先生, 现在点菜吗?
Fúwùyuán:	Xiānsheng, xiànzài diǎncài ma?
苏珊:	对不起, 你们有英文菜单吗?
Sūshān:	Duìbuqǐ, nǐmen yǒu Yīngwén càidān ma?

服务员:	有. 给您.
Fúwùyuán:	Yǒu. Gěi nín.
大卫:	我们要一个鱼香肉丝, 一个麻婆豆腐.
Dàwèi:	Wǒmen yào yíge yúxiāngròusī, yíge mápódòufu.
苏珊:	再要一碗三鲜汤.
Sūshān:	Zài yào yìwǎn sānxiāntāng.
服务员:	你们喝点儿什么?
Fúwùyuán:	Nǐmen hēdiǎnr shénme?
大卫:	你们有扎啤吗?
Dàwèi:	Nǐmen yǒu zhāpí ma?
服务员:	有, 是北京扎啤.
Fúwùyuán:	Yǒu, shì Běijīng zhāpí.
苏珊:	没有燕京扎啤吗?
Sūshān:	Méiyǒu Yānjīng zhāpí ma?
服务员:	对不起, 没有.
Fúwùyuán:	Duìbuqǐ, méiyǒu.
大卫:	好, 我们要两扎. ...鱼香肉丝好吃吗?
Dàwèi:	Hǎo, wǒmen yào liǎngzhā. ...Yúxiāngròusī hǎochī ma?
苏珊:	好吃, 好吃. 这儿的菜又好吃又便宜.
Sūshān:	Hěn hǎochī. Zhèr de cài yòu hǎochī yòu piányi.
大卫:	下次还来这儿吃.... 小姐, 结账.
Dàwèi:	Xiàcì hái lái zhèr chī.... Xiǎojiě, jiézhàng.
服务员:	小姐, 先生慢走.
Fúwùyuán:	Xiǎojiě, xiānsheng màn zǒu.

Translation of dialogue

Waiter:	Would you like to order now, sir?
Susan:	Excuse me, do you have an English menu?
Waiter:	Yes, here you are.
David:	We'd like one fish-fragrant pork string and one tofu with chili.
Susan:	I'd also like a bowl of soup with three kinds of seafood.
Waiter:	What would you like to drink?
David:	Do you have draught beer?
Waiter:	Yes we have, it's Beijing draught beer.
Susan:	Don't you have Yanjing draught beer?
Waiter:	Sorry, we don't.
David:	OK, we'll have two mugs …. Is the fish-fragrant pork string delicious?

Susan: Very good. The food here is (both) delicious and cheap.
David: Next time let's come here to eat again. … Miss, can we pay the bill?
Waitress: Take care Sir, Madam.

10.5 Communicative and Visualization activities

1. Vocabulary

Visualize and project the image of the words and phrases one by one on the screen, meanwhile feel the meaning of it.

点	diǎn	鱼香肉丝	yúxiāngròusī	盐	yán
对不起	duìbuqǐ	麻婆豆腐	mápódòufu	醋	cù
菜单	càidān	三鲜汤	sānxiāntāng	甜	tián
碗	wǎn	烤鸭	kǎoyā	糖	táng
好吃	hǎochī	清蒸鱼	qīng zhēng yú	辣椒	làjiāo
扎啤	zhāpí	油焖虾	yóu mèn xiā	苦瓜	kǔguā
又…又	yòu… yòu …	烧茄子	shāo qiézi	酱油	jiàngyóu
下次	xiàcì	蘑菇炖鸡	mógu dùn jī	辣	là
次	cì	土豆烧牛肉	tǔdòu shāo niúròu	酸	suān
结账	jiézhàng	牛排	niúpái	咸	xián
慢走	mànzǒu	羊排	yángpái	淡	dàn
				苦	kǔ

2. Other communicative activities

- Restaurant role-plays: ask for an English menu, order the meal and pay
- Draw up a menu in pinyin, and use this to order meals from
- Ask each other about cards/pictures of types of food, drink, fruit and vegetables
- Shopping dialogue: buy fruit and vegetables, and ask about their quality

10.6 Songs and games

- Guessing game based on eating out
- A song which celebrates food

LESSON 11 WHAT'S THE TIME NOW?

11.1 Summary
Structures and functions

1. Basic sentence structures

2. Yes/No questions with '吗 ma?'

3. Yes/No questions with repeated verb and '不 bu'

4. Questions with '呢 ne?'

5. Questions with '还是 háishì', and other questions

6. Asking for approval and for someone's opinion

Vocabulary

怎么样?	zěnmeyàng?	How about …? What about …?	教	jiāo	teach
瓶子	píngzi	bottle	张	zhāng	sheet (of paper); (measure word)
瓶	píng	bottle of …	发票	fāpiào	receipt; invoice
筷子	kuàizi	chopsticks	买单	mǎidān	pay the check
听	tīng	listen; hear	吃好	chīhǎo	eat well
用	yòng	use			

11.2 Warm-up

- Recent key language
- Tastes in food and drink

11.3 Intensive practice
Grammar review

1. Subject + Adjective

我很忙
Wǒ hěn máng.

他不冷
Tā bù lěng.

这个孩子太好玩儿了!
Zhège háizi tài hǎowánr le!

公园很漂亮
Gōngyuán hěn piàoliàng.

饺子很好吃
Jiǎozi hěn hǎochī.

2. Subject + Adv + Verb + Object

我买水果
Wǒ mǎi shuǐguǒ

今天下午他不去公司
Jīntiān xiàwǔ tā bú qù gōngsī

他今天来北京
Tā jīntiān lái Běijīng

我们在中国学习汉语
Wǒmen zài Zhōngguó xuéxí Hànyǔ

3. Verb1 + Verb2 + Object

我想喝啤酒
Wǒ xiǎng hē píjiǔ

我们会说英语和法语
Wǒmen huì shuō Yīngyǔ hé Fǎyǔ

他不喜欢吃肉
Tā bù xǐhuan chī ròu

我去买东西
Wǒ qù mǎi dōngxi

4. Subject + Verb1 + place + Verb2

我来北京工作
Wǒ lái Běijīng gōngzuò

我去商店买东西
Wǒ qù shāngdiàn mǎi dōngxi

他来这儿找你
Tā lái zhèr zhǎo nǐ

我回家休息
Wǒ huíjiā xiūxi

我来工作
Wǒ lái gōngzuò

我去买东西
Wǒ qù mǎi dōngxi

他来找你
Tā lái zhǎo nǐ

5. Yes/No questions with –'吗 ma?'

Teacher	Student
你累吗?	不（我不累）
Nǐ lèi ma?	Bù (wǒ bú lèi).
你喜欢吃香蕉吗?	对, 喜欢
Nǐ xǐhuan chī xiāngjiāo ma?	Duì, xǐhuan.
你和我一起去吃饭吗?	好的
Nǐ hé wǒ yìqǐ qù chīfàn ma?	Hǎo de.

6. Yes/No questions with repeated verb and '不 bu'

Teacher	Student
你累不累?	我很累
Nǐ lèi bu lèi?	Wǒ hěn lèi.

他来不来学校?   不来
Tā lái bu lái xuéxiào?   Bù lái.

你们去不去饭馆儿吃饭?   去
Nǐmen qù bu qù fànguǎnr chīfàn?   Qù.

今天冷不冷?   不太冷
Jīntiān lěng bu lěng?   Bú tài lěng.

7. Questions with '还是 háishì'

Teacher   **Student**

你去商店还是银行?   我去银行
Nǐ qù shāngdiàn háishì yínháng?   Wǒ qù yínháng.

他今天下午还是明天来?   我想他明天来
Tā jīntiān xiàwǔ háishì míngtiān lái?   Wǒ xiǎng tā míngtiān lái.

他是你的孩子还是他的孩子?   他是我的孩子
Tā shì nǐde háizi háishì tāde háizi?   Tā shì wǒ de háizi.

你吃饺子还是米饭?   我吃米饭
Nǐ chī jiǎozi háishì mǐfàn?   Wǒ chī mǐfàn.

8. Other questions

你是哪国人?
Nǐ shì nǎguó rén?

他做什么工作?
Tā zuò shénme gōngzuò?

谁是你的老师?
Shuí shì nǐde lǎoshī?

你为什么不去?
Nǐ wèishénme bú qù?

你喜欢哪个?
Nǐ xǐhuan nǎge?

你什么时候去买东西?
Nǐ shénme shíhòu qù mǎi dōngxi?

你是谁的孩子?
Nǐ shì shuíde háizi?

为什么他不来
Wèishénme tā bù lái?

你去哪儿?
Nǐ qù nǎr?

我们什么时候走?
Wǒmen shénme shíhòu zǒu?

你买什么?
Nǐ mǎi shénme?

你在哪儿工作?
Nǐ zài nǎr gōngzuò?

你怎么知道?
Nǐ zěnme zhīdào?

怎么去?
Zěnme qù?

我们去哪儿吃饭?
Wǒmen qù nǎr chīfàn?

怎么用筷子?
Zěnme yòng kuàizi?

9. Asking for approval

Teacher   **Student**

我们一起去好吗?   好的
Wǒmen yìqǐ qù, hǎo ma?   Hǎo de.

我坐下可以吗?	请坐, 请坐!
Wǒ zuòxia, kěyǐ ma?	Qǐngzuò, qǐngzuò!
我也来, 行吗?	没问题, 你来吧
Wǒ yě lái, xíng ma?	Méiwèntí, nǐ lái ba.

10. Asking for someone's opinion

Teacher	Student
你看, 这个怎么样?	还可以
Nǐ kàn, zhège zěnme yàng?	Hái kěyǐ.
你觉得饺子怎么样?	很好吃
Nǐ juéde jiǎozi zěnme yàng?	Hěn hǎochī.

11. Questions with '呢 ne?'

Teacher	Student A	Student B
Wǒ bù xiǎng qù. Nǐ ne?	Nǐ xiǎng qù ma?	Wǒ (bù) xiǎng qù.
Běijīng hěn piàoliang. Shànghǎi ne?	Shànghǎi piàoliang ma?	Hěn piàoliang.
Zhōngguó cài hǎochī. Yìdàlì cài ne?	Yìdàlì cài hǎochī ma?	Hěn hǎochī.
Wǒmen qù Chángchéng, nǐmen ne?	Nǐmen qù Chángchéng ma?	(Wǒmen) (bù) qù.

11.4 Dialogue

A: 现在几点了?
  Xiànzài jǐdiàn le?

B: 十一点五十分
  Shíyī diǎn wǔshí fēn.

A: 我饿了.
  Wǒ è le.

B: 我们一起去吃饭, 好吗?
  Wǒmen yìqǐ qù chīfàn, hǎoma?

A: 好, 去那儿吃?
  Hǎo, qù nǎr chī?

B: 去三里屯儿, 怎么样?
  Qù Sānlǐtúnr, zěnme yàng?

A: 好, 我们走吧! …看, 那儿有一个饭馆. 我们去看看?
  Hǎo, wǒmen zǒuba! Kàn, nàr yǒu yíge fànguǎnr. Wǒmen qù kànkan?

B: 你想吃什么, 米饭还是饺子?
  Nǐ xiǎng chī shénme, mǐfàn háishì jiǎozi?

A: 我喜欢吃饺子. 饺子好吃.你呢?
Wǒ xǐhuan chī jiǎozi. Jiǎozi hǎochī. Nǐ ne?

B: 我也吃饺子.
Wǒ yě chī jǎozi.

A: 小姐, 我们要二十个饺子, 一个牛肉, 一个鱼香肉丝.
Xiǎojiě, wǒmen yào èrshíge jiǎozi, yíge niúròu , yíge Yúxiāngròusī

C: 好的.你们喝什么?
Hǎode, nǐmen hē shénme?

B: 我要一瓶啤酒.
Wǒ yào yìpíng píjiǔ.

A: 我要一听可乐.
Wǒ yào yìtīng kělè.

C: 还要别的吗?
Hái yào biéde ma?

B: 不要了.
Bú yào le.

C: 好. 请等一等.
Hǎo. Qǐng děngyiděng.

A: 你会用筷子吗?
Nǐ huì yòng kuàizi ma?

B: 我会用, 不难.你呢?
Wǒ huì yòng , bù nán. Nǐ ne?

A: 我不会用.
Wǒ bú huì yòng.

B: 没关系, 我教你怎么用….鱼香肉丝太咸了.
Méiguānxi, wǒ jiāo nǐ zěnme yòng. … Yúxiāngròusī tài xián le.

A: 我觉得还可以. 饺子怎么样?
Wǒ juéde hái kěyǐ. Jiǎozi zěnme yàng?

B: 饺子很好吃. 下次还来这儿吃.
Jiǎozi hěn hǎochī. Xiàcì hái lái zhèr chī.

A: 小姐, 买单!
Xiǎojiě, mǎidān!

C: 一共九十八. 你们吃好了吗?
Yígòng jiǔshibā. Nǐmen chīhǎo le ma?

A: 吃好了, 谢谢! 我要一张发票.

Chīhǎo le. Xièxie! Wǒ yào yìzhāng fāpiào.

C: 这是您的发票. 欢迎下次再来.
Zhè shì nín de fāpiào. Huānyíng xiàcì zài lái.

A:/B: 谢谢.
Xièxie.

Translation of dialogue
A: What's the time now?
B: It's 11:50.
A: I'm hungry.
B: Let's go and eat, shall we?
A: OK, where shall we go?
B: How about Sanlitun?
A: OK, let's go! … Look – there's a restaurant (over) there. Let's take a look.
B: What do you want to eat – rice or dumplings?
A: I want to eat dumplings. Dumplings are delicious. How about you?
B: I'd like to eat dumplings too.
A: Miss – we'd like 20 dumplings, one beef and one 'fish-flavored pork strings'
C: Right. What will you be drinking?
A: I'd like a bottle of beer.
B: I'd like a can of cola.
C: Do you want anything else?
B: No thanks. (We don't want.)
C: OK. Wait a moment, please.
A: David, do you know how to use chopsticks?
B: Yes, I do (know how to use). It's not difficult. How about you?
A: I don't know how to use (them).
B: No problem – I'll teach you how to use (them). … The pork strings are too salty.
A: I think they're OK. How are the dumplings?
B: The dumplings are (very) delicious. Let's come here again next time.
A: Miss – the check!
C: All together (that's) 98. Did you eat well?
A: (We) ate very well, thanks. I'd like a receipt, please.
C: Here's your receipt. I hope you'll (you're welcome to) come here again.
A:/B: Thanks.

11.5 Communicative and Visualization activities

1. Vocabulary

Visualize and project the image of the words and phrases one by one on the screen, meanwhile feel the meaning of it.

怎么样?	zěnmeyàng?
瓶子	píngzi
瓶	píng
筷子	kuàizi
听	tīng
用	yòng
教	jiāo
张	zhāng
发票	fāpiào
买单	mǎidān
吃好	chīhǎo

2. Other communicative activities

- Further grammatical revision
- Restaurant role-plays (go to a restaurant together, order a meal, discuss it, and pay the check)

11.6 Songs and games

Here are some suggestions:
- 'yes/no' game (answers without starting with 'bù' or 'duì')
- A song which contains a lot of questions

LESSON 12   HOW OLD IS YOUR CHILD?

12.1 Summary
Structures and functions

1. gěi + person + dǎ diànhuà
   For example: Jīntiān wǎnshang wǒ gěi nǐ dǎ diànhuà

2. Identifying things using '的 de' + adjective

3. Actions with '给 gěi' + verb

4. Choosing options with '哪个 nǎge' and '还是 háishì'

5. Asking questions with '有人 Yǒurén'?

6. Talking about appearances with '看来 kànlái …… 可是 kěshì'

Vocabulary

dǎ	打	to answer; to pick up
jiē	接	to make; to beat
diànhuà	电话	telephone
dǎ diànhuà	打电话	to make a phone call, to phone
jiēdiànhuà	接电话	to answer the phone
dàyuē	大约	about; around

nàshíhòu	那时候	at that time
kāi	开	to hold; attend
huì	会	meeting, conference
kāihuì	开会	to hold a meeting; to attend a meeting
		parents' meeting
jiāzhǎnghuì	家长会	how old
duōdà	多大	daughter
nǚér	女儿	son
érzi	儿子	this year
jīnnián	今年	age
suì	岁	international
guójì	国际	go to school; to start school
shàngxué	上学	already
yǐjīng	已经	It looks as though; It seems that
kànlái	看来	Happy
gāoxìng	高兴	to answer; to pick up

12.2 Warm-up

- Review of language from the last few lessons
- Do you have any children? How old are they?

12.3 Intensive practice

1. Identifying things using '的 de' + adjective

èrde	二的						
dàde	大的	xiǎode	小的	gāode	高的	ǎide	矮的
nánde	男的	nǚde	女的	guìde	贵的	piányide	便宜的
chángde	长的	duǎnde	短的	hǎode	好的	huàide	坏的

2. Introducing actions with '给 gěi' + verb

昨天我给他打电话了
Zuótiān wǒ gěi tā dǎ diànhuà le
晚上我给你打电话

Wǎnshang wǒ gěi nǐ dǎ diànhuà

下午我给太太买花儿

Xiàwǔ wǒ gěi tàitai mǎi huār

今天我们给朋友买蛋糕

Jīntian wǒmen gěi péngyou mǎi dàngāo

明天我给孩子开家长会

Míngtiān wǒ gěi háizi kāi jiāzhánghuì

我先生没给孩子开家长会

Wǒ xiānsheng méi gěi háizi kāi jiāzhǎnghuì

3. Doing things for people with '给 gěi' + verb) – STYLE P5

昨天我给他打电话了, 可是他不在

Zuótiān wǒ gěi tā dǎ diànhuà le, kěshì tā búzài.

晚上我给你打电话. 你在家等电话

Wǎnshang wǒ gěi nǐ dǎ diànhuà. Nǐ zàijiā děng diànhuà.

下午我去给太太买花儿. 今天是她的生日

Xiàwǔ wǒ qù gěi tàitai mǎi huār. Jīntian shì tā de shēngrì.

今天我们给一个朋友买蛋糕了. 今天是她的生日

Jīntian wǒmen gěi yíge péngyou mǎi dàngāo le. Jīntian shì tā de shēngrì.

明天我给孩子开家长会, 不去公园了.

Míngtiān wǒ gěi háizi kāi jiāzhǎnghuì, bú qù gōngyuán le.

我先生没给孩子开家长会, 他去上班了

Wǒ xiānsheng méi gěi háizi kāi jiāzhǎng huì, tā qù shàngbān le.

4. Choosing options with '哪个 nǎge' and '还是 háishì'

Teacher	Student A	Student B
苹果和香蕉, 你买哪个?	苹果和香蕉都买	都不买
Píngguǒ hé xiāngjiāo, nǐ mǎi nǎge?	Píngguǒ hé xiāngjiāo dōu mǎi.	Dōu bù mǎi
老李, 赵晶和李燕, 你喜欢谁?	赵晶和李燕, 都喜欢	都不喜欢
Lǎolǐ, Zhào Jīng hé Lǐ Yàn, nǐ xǐhuan shuí?	Zhào Jīng hé Lǐ Yàn, dōu xǐhuan.	Dōu bù xǐhuan.
你去上海还是广州?	上海和广州, 都去	都不去
Nǐ qù Shànghǎi háishì Guǎngzhōu?	Shànghǎi hé Guǎngzhōu, dōu qù.	Dōu bù qù.
你喜欢吃广东菜还是四川菜?	广东菜和四川菜, 都喜欢吃	都不喜欢吃
Nǐ xǐhuan chī Guǎngdōng cài háishì Sìchuān cài?	Guǎngdōng cài hé Sìchuān cài, Dōu bù xǐhuan chī.	

		dōu xǐhuan chī.	
你想学习汉语还是日语?	汉语和日语, 都想学		都不想学
Nǐ xiǎng xuéxí Hànyǔ háishì Rìyǔ?	Hànyǔ hé Rìyǔ, dōu xiǎng xué.		Dōu bù xiǎng xué.
大的, 二的, 谁开家长会?	大的和二的, 都开家长会		都不开家长会
Dàde, ěrde, shuí kāi jiāzhǎnghuì?	Dàde hé ěrde, dōu kāi jiāzhǎnghuì.		Dōu bù kāi jiāzhǎnghuì.

5. Asking 'Is there anybody…?' with '有人 Yǒu rén'?

Teacher	Student A	Student B
来	有人来吗?	没有人来.
lái	Yǒu rén lái ma?	Méiyǒu rén lái.
在家	有人在家吗?	没有人在家
zài jiā	Yǒu rén zài jiā ma?	Meiyǒu rén zài jiā
接电话	有人接电话吗?	没有人接电话
jiē diànhuà	Yǒu rén jiē diànhuà ma?	Meiyǒu rén jiē diànhuà
来看你	有人来看你吗?	没有人来看你
lái kàn nǐ	Yǒu rén lái kàn nǐma?	Meiyǒu rén lái kàn nǐ
想去买东西	有人想去买东西吗?	没有人想去买东西
xiǎng qù mǎi dōngxi	Yǒu rén xiǎng qù mǎi dōngxi ma?	Meiyǒu rén xiǎng qù mǎi dōngxi
找我	有人找我吗?	没有人找我
zhǎo wǒ	Yǒu rén zhǎo wǒ ma?	Meiyǒu rén zhǎo wǒ

6. Talking about appearances with '看来 kànlái …… 可是 kěshì'

Teacher	Student
看来你很忙.	可是我很 高兴.
Kànlái nǐ hěn máng.	Kěshì wǒ hěn gāoxìng.
看来他很累.	可是他不 想休息
Kànlái tā hěn lèi.	Kěshì tā bù xiǎng xiūxi.
看来你很饿.	可是我不想 在这儿吃饭
Kànlái nǐ hěn è.	Kěshì wǒ bù xiǎng zài zhèr chīfàn.
看来你很困.	可是我没有 时间休息
Kànlái nǐ hěn kùn.	Kěshì wǒ méiyǒu shíjiān xiūxi.
看来你不会做饭.	可是我很 想学

Kànlái nǐ bú huì zuòfàn.
看来他不来了.
Kànlái tā bù lái le.

Kěshì wǒ hěn xiǎng xué.
可是他 说他来.
Kěshì tā shuō tā lái.

7. Practical dialogue

A: 你有几个孩子? 他们多大了?
   Nǐ yǒu jǐge háizi? Tāmen duōdà le?
B: 我有一个孩子. 今年六岁半, 该上学了.
   Wǒ yǒu yíge háizi. Jīnnián liùsuìbàn, gāi shàngxué le.
A: 我有两个孩子. 大的八岁, 在国际学校上学. 小的六岁, 也该上学了.
   Wǒ yǒu liǎngge háizi. Dàde bāsuì, zài guójì xuéxiào shàngxué. Xiǎode liùsuì, yě gāi shàngxué le.

8. Fluency checkpoint *(answer the questions)*

你喜欢上海还是广州?
Nǐ xǐhuan Shànghǎi háishì Guǎngzhōu?
你想学习汉语还是日语?
Nǐ xiǎng xuéxí Hànyǔ háishì Rìyǔ?
你有几个孩子?
Nǐ yǒu jǐge háizi?
他们多大了?
Tāmen duōdà le?
你给我打电话了吗?
Nǐ gěi wǒ dǎ diànhuà le ma?
看来你很忙, 是吗?
Kànlái nǐ hěn máng, shìma?

12.4 Dialogue

A: 苏珊, 昨天上午我给你打电话, 可是没有人接.
   Sūshān, zuótiān shàngwǔ wǒ gěi nǐ dǎ diànhuà, kěshì méiyǒu rén jiē.
B: 你给我打电话了? 什么时候?
   Nǐ gěi wǒ dǎ diànhuà le? Shénme shíhòu?
A: 大约十点.
   Dàyuē shídiǎn.
B: 那时候我去孩子的学校开家长会了.

Nàshíhòu wǒ qù háizi de xuéxiào kāi jiāzhǎnghuì le.

A: 你的孩子多大?
Nǐ de háizi duōdà?

B: 我有三个孩子, 大的是女儿, 今年十二岁; 二的也是女儿, 九岁; 小的是儿子, 五岁了
Wǒ yǒu sānge háizi, dàde shì nǚ'ér, jīnnián shí'èr; èrde yě shì nǚ'ér, jiǔsuì; xiǎode shì érzi, wǔsuì le.

A: 昨天你给谁开家长会?
Zuótiān nǐ gěi shuí kāi jiāzhǎnghuì?

B: 大的, 二的都开, 他们都在北京国际学校上学.
Dàde, èrde dōu kāi, tāmen dōu zài Běijīng guójì xuéxiào shàngxué.

A: 看来你很忙.
Kànlái nǐ hěn máng.

B: 是很忙, 可是我很高兴.
Shì hěn máng, kěshì wǒ hěn gāoxìng.

Translation of dialogue

A: Susan, I phoned you yesterday morning, but nobody answered.
B: When was it that you called?
A: About ten o'clock.
B: At that time I went to my children's school for a parents' meeting.
A: How old are your children?
B: I have three children. The older one is a daughter, twelve years old. The second one is a daughter, too. She's twelve. And the youngest is a son, who's five.
A: For whom did you attend the parents' meeting?
B: For both of them; they both study at Běijīng International School.
A: It seems you're busy.
B: I am busy, but I'm happy.

12.5 Communicative and Visualization activities

1. Vocabulary

Visualize and project the image of the words and phrases one by one on the screen, meanwhile feel the meaning of it.

打	dǎ	多大	duōdà	开	kāi
电话	diànhuà	女儿	nǚér	会	huì
打电话	dǎ diànhuà	儿子	érzi	开会	kāi huì
接	jiē	今年	jīnnián	家长会	jiāzhǎnghuì
接电话	jiē diànhuà	岁	suì	已经	yǐjīng
大约	dàyuē	国际	guójì	看来	kànlái
那时候	nàshíhòu	上学	shàngxué	高兴	gāoxìng

2. Other communicative activities

- Talk to each other about your children (how many, how old, whether they go to school or university etc.)
- Ask questions about pictures with "Yǒu rén … ma?"
- Mini-dialogues with statements like "Kànlái nǐ hěn máng"
- Ask questions & answers about pairs of objects (old/new, big/small)
- Make sentences with "gěi (someone)"

12.6 Songs and games

- A game in which you collect groups of objects (or cards)
- A song about children

TIPS FOR LEARNING CHINESE

The Principal rule to help you in learning Chinese

You need to let go any of the grammatical rules in your mother tongue or any languages you've already learned or known, make yourself completely open and ready to receive new rules.

Other suggestions that help you accelerate the speed of learning

- have a study plan (set your goal on what level/results you want to finish/achieve, and in how long time to achieve that goal), and bear it

- have a tutor to give you some lessons if you learn it for work and want to learn it much faster. Especially for introductory and beginner level students, it is recommended to have a teacher or tutor for your pronunciation no matter what study purpose you have (you can find a teacher or tutor by placing ads on the website)

- do the homework on the workbook

- find a language exchange partner with native speaking people if possible for those who have time to dispose (you can place ads on the website to find one)

- go to Chinese meet-up events near you to practice

- listen and learn to sing Chinese songs (each week a new Chinese song is taught on the blog. It's free)

- download MP3s and vocabulary, listen to them on bus, metro or in your car

- listen to Chinese radio before you fall asleep even though you don't understand yet, your subconscious mind starts to receive it, and it also creates a language environment for you

ABOUT AUTHORS

Helen Xinhui Zhu
MBA, cross-culture communication at Brighton University, NLP certificate training. Shamanic Healing Training

Owner of Learnwithuniversalmind.com, an educator and visionary practitioner who advocates and applies spiritual practices to language learning.
Founder and CEO of Chinese Horizon Mandarin ProfessionalTraining Ltd, the first multimedia Mandarin school. Author of 12 levels of Mandarin training materials and co-designer of dozens of online course wares for CH. She's taught in schools and has/had many distiniguished students in well-known companies and institutes, such as presidents, vice presidents and high-level managers from Volkswagen, Goldman Sachs, Glaxo Smith Kline, the wife of Norwegian ambassador to China, etc

Simon Buckland
BA in English language and literature from Oxford University, MSc in computer-based learning from Sussex University

Currently Senior Curriculum Adviser with Pearson Education International; responsible for global curriculum integration.
Curriculum director for Wall Street Institute (worldwide English schools). Author/designer of 20-level e-learning English courses. Expert in e-learning and computer-based learning. Author and designer of training materials for various leading British companies, such as British Telecom, Bank of England. Worked as an English teacher and director of studies in Europe, Middle East and Africa for the British Council in his early career

CHAKRA ILLUSTRATION

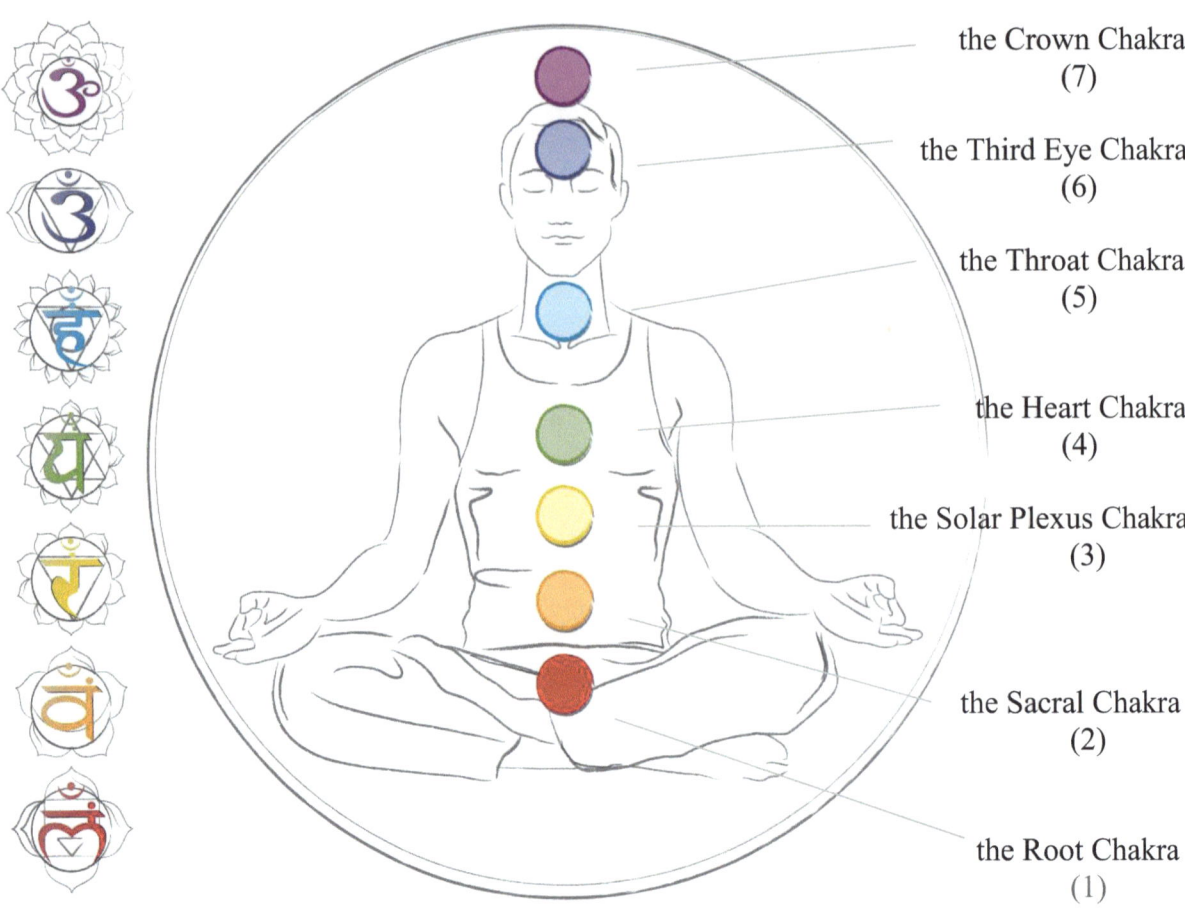

Note: Chakras are the main energy centers of the human body, through which the human body absorbs the cosmic energy from the universe. Within the human body, chakras connect to the points, nerves and meridians, nourishing different organs and glands.

www.ingramcontent.com/pod-product-compliance
Lightning Source LLC
Chambersburg PA
CBHW041124300426
44113CB00002B/47